CORNISH THIS WAY -
HOLYEWGH AN LERGH
A BEGINNER'S COURSE IN CORNISH

by Graham Sandercock

drawings by D.E. Ivall

Dyllys gans Kesva an Taves Kernewek

Published by

The Cornish Language Board

ISBN 1 902917 32 4

Holyewgh an Lergh ~ Cornish This Way

First published 1989
Second Edition, September 1993, reprinted 1995 and 1999 (with minor amendments)
Third Edition, January 2004 with new binding and minor amendments.
Published by **Kesva an Taves Kernewek** (The Cornish Language Board)
Copyright © **Graham Sandercock**.
ISBN 1 902917 32 4 Book
ISBN 0 907064 17 5 Cassettes
ISBN 1 902917 34 0 Book and cassettes

Raglavar (Foreword)

This book is divided into 205 short sections (pages 3-50) each containing a reading or conversation or point of grammar or vocabulary or exercise which can be studied and understood in a short time. However, before going on, each point should be reinforced by further practice, both written and spoken, repeating each sentence pattern, introducing variations and making up new examples until the point becomes familiar.

The contents of the book are the result of evening classes successfully given by the author over many years; it is designed primarily for work in small groups with a tutor, either in schools or evening classes. Individual students working on their own will find it possible to use the book too but they are encouraged to make contact with other learners or groups to help them on their way.

The Cornish Language Board *(Kesva an Taves Kernewek)* publishes accompanying tapes to go with this book; the tapes cover most of the passages in the book and also give answers to some of the exercises. The tapes also give the essential help needed with regard to pronunciation and by repeatedly listening to passages and speaking them aloud the student will soon absorb many phrases. A sound knowledge of the grammatical points and vocabulary contained within these pages will ensure a good degree of fluency in Cornish and provide a sound base for further advanced study.

The grammatical content of the book is explained as simply as possible and covers all the syllabus of the Cornish Language Board's first grade examination. The Language Board aims to provide support for learners of Cornish, principally by publishing materials and setting examinations. It also works in very close co-operation with the Cornish Language Fellowship *(Kowethas an Yeth Kernewek)* which has membership open to all new students and which organises events and publishes material specifically aimed at beginners.

I wish to express my thanks to Mr Wella Brown, to the late Dr David Balhatchet and to Mr George Ansell for their advice and thorough scrutiny of this new edition. Any shortcomings or errors remaining are the responsibility of the author. Further information about the language as well as details of publications such as grammar books, dictionaries and reading books can be obtained from the officers of the Cornish Language Board and the Cornish Language Fellowship (see page 64).

Graham Sandercock, mis Genver 2004

Abbreviations used:

f	=	feminine noun
m	=	masculine noun
s	=	singular
p	=	plural
1/2/3	=	1st, 2nd, 3rd person (of verbs)

#1 PIW ? *(who ?)*

Piw os ta ?
who are you ?

[ ] **ov vy**
am I

Piw yw ev ?
who is he ?

[ ] **yw ev**
is he

Piw yw hi ?
who is she ?

[ ] **yw hi**
is she

Fill in the boxes above with the names of people in your group.

Jenifer — Piw os ta ?
Yowann — Yowann ov vy
Piw yw ev ? — Mighal yw ev — *Mighal*
Ha piw yw hi ? — Maria yw hi — *Maria*

#2 OS TA ... ? *(are you ... ?)*   OV/NAG OV *(yes/no)*

Os ta lowen ?
Are you happy ?

Ov, lowen ov vy.
Yes, happy am I.
Nag ov, nyns ov vy lowen.
No, I am not happy.

Os ta trist ?

Ov, trist ov vy.
Nag ov, nyns ov vy trist.

#3 GERVA

bras	byghan	koth	yowynk	moen	tew	hir	berr
big	*small*	*old*	*young*	*slim*	*fat*	*tall*	*short*

PRAKTIS   1. Os ta hir ?   2. Os ta tew ?   3. Os ta koth ?   4. Os ta byghan ?

#4 YW EV ... ? *(is he ... ?)* YW HI ... ? *(is she ... ?)* YW/NAG YW *(yes/no)*

Yw ev koth ?
Is he old ?

Yw, koth yw ev.
Yes, he is old.
Nag yw, nyns yw ev koth.
No, he is not old.

Yw hi moen ?
Is she slim ?

Yw, moen yw hi.
Yes, she is slim.
Nag yw, nyns yw hi moen.
No, she's not slim.

#5 GERVA	kernewek	*Cornish*	PRAKTIS	*1. Yw ev kernewek ?*
	skwith	*tired*		*2. Yw hi hager ?*
	hager	*ugly*		*3. Yw hi skwith ?*
	teg	*beautiful*		*4. Yw ev teg ?*

#6 BOS *(to be). You can fill in the blanks with a name, noun or adjective as appropriate.*

... **ov vy**	*am I*	**nyns ov vy ...**	*I am not*
... **os ta**	*are you* (s)	**nyns os ta ...**	*you are not*
... **yw ev**	*is he*	**nyns yw ev ...**	*he is not*
... **yw hi**	*is she*	**nyns yw hi ...**	*she is not*

Use the patterns in **#3** *to* **#6** *to make up further examples of your own to write and speak.*

#7 PYTH ?   *(what ?)*   GERVA

Pyth yw hemma ?   Kador yw. | **kador** *chair, a chair* |
What is this ?   *A chair it is.* | **pluvenn** *pen, a pen* |
                                                                              | **lyver** *book, a book* |
Pyth yw hemma ?   Pluvenn yw. | **moes** *table, a table* |

Pyth yw hemma ?   Lyver yw.

Yw hemma kador ?   Yw, kador yw.
Is this a chair ?   *Yes, a chair it is.*

Yw hemma lyver ?   Yw, lyver yw.

Yw hemma pluvenn ?   Nag yw, nyns yw
                                                           pluvenn; moes yw.
                                                           No, it's not a pen;
                                                           it's a table.

#8 OBER *Translate the following into Cornish.*

1. It is a chair.	*4. I am happy.*	*7. Is she tall ?*	*10. Is George happy ? No.*
2. It is a pen.	*5. He is fat.*	*8. I am not tall.*	
3. It is a book.	*6. Are you tall ?*	*9. He is not tall.*	

Add your own examples

#9 GERVA

ott ! *look ! lo !*	**gwir** *true*	**teylu** *m family*	**hag** *and* (before a vowel)
henn *m that*	**den** *m man, person*	**an** *the*	**an den na** *that man*
henna *m that*	**maw** *m boy*	**ynwedh** *also, too*	**an venyn na** *that woman*
honn *f that*	**benyn** *f woman*	**ytho** *so, then, thus*	**yma maw gans ..** *there is a boy with ...*
honna *f that*	**ki** *m dog*	**ha** *and*	**an den ma** *this man*

#10 KESKOWS

Yowann:	Ottena den ! Piw yw an den na ?
Maria:	Henn yw Mester Angwynn. Mester Angwynn yw henna.
Yowann:	Hag ottena benyn ! Piw yw an venyn na ?
Maria:	Honn yw Mestres Angwynn. Mestres Angwynn yw honna.
Yowann:	Yma maw gans Mester ha Mestres Angwynn ynwedh.
Maria:	Gwir. Henn yw Peder Angwynn. Hag ott ! Yma ki gans Peder.
Yowann:	Ottena an teylu Angwynn, ytho.

yma ki gans Peder

#11 There is no indefinite article (i.e. English *'a'* or *'an'*) in Cornish, so **LYVER** can mean *'a book'* or simply *'book'*; **MOES** can mean *'table'* or *'a table'*.

The definite article (i.e. English *'the'*) in Cornish is **AN**, so **AN LYVER** means *'the book'*.

Nouns in Cornish are either masculine or feminine in gender. Feminine singular nouns often change their first letter after **AN** as shown in the right-hand column below. (Such changes also apply to masculine plural nouns denoting persons.) This change is known as a soft mutation (putting the noun into the second state, also known as lenition) and the initial letters which are affected are:

initial letter	B	CH	D	GL	GO	GW	K	M	P	T
after mutation	V	J	DH	..L	WO	W	G	V	B	D

#12

Nebes henwyn gorow *[some masculine nouns]*	nebes henwyn benow *[some feminine nouns]*	treylyans wosa 'an' *[mutation after 'an']*
baner *flag, a flag*	**benyn** *woman, a woman*	**an venyn** *the woman*
den *man, a man*	**davas** *sheep, a sheep*	**an dhavas** *the sheep*
gorhel, *ship, a ship*	**goedh** *goose, a goose*	**an woedh** *the goose*
gweli *bed, a bed*	**gwedrenn** *glass, a glass*	**an wedrenn** *the glass*
ki *dog, a dog*	**kegin** *kitchen, a kitchen*	**an gegin** *the kitchen*
maw *boy, a boy*	**mowes** *girl, a girl*	**an vowes** *the girl*
penn *head, a head*	**pluvenn** *pen, a pen*	**an bluvenn** *the pen*
troes *foot, a foot*	**tigenn** *bag, a bag*	**an digenn** *the bag*

#13 OBER *Translate the following into Cornish.*

1. A dog and a cat.
2. A boy.
3. The girl.
4. The woman with a man.
5. A family with a girl.
6. The glass.
7. The ship.
8. This ship.
9. This chair.
10. The kitchen.

Add your own examples

#14 OBER   **Ensampel** **Pyth yw hemma ?**  **Gorhel yw.**
example: *What is this ?* *It's a ship.*

1. Pyth yw hemma ?

2. Pyth yw hemma ?

3. Pyth yw hemma ?

4. Pyth yw hemma ?

5. Pyth yw hemma ?

6. Pyth yw hemma ?

5

#15 OBER   **Ensampel**   Yw hemma davas ? Yw, davas yw.
Is this a sheep ?   *Yes, it's a sheep.*

1. Yw hemma chi ?   4. Yw hemma pluvenn ?

2. Yw hemma karr ?    5. Yw hemma kador ?

3. Yw hemma gwedrenn ?   6. Yw hemma baner ?

#16 OBER   **Ensampel**   Yw hemma chi ?  Nag yw, nyns yw chi; karr yw.
Is this a house ?   *No, it's not a house; it's a car.*

1. Yw hemma kador ?   4. Yw hemma troes ?

2. Yw hemma goedh ?   5. Yw hemma tigenn ?

3. Yw hemma pluvenn ?   6. Yw hemma maw ?

#17   **HENWYN GWANN** *(Adjectives)* Adjectives in Cornish follow the noun which they describe, e.g. ' *a big man'* = **DEN BRAS**; *'a young girl'* = **MOWES YOWYNK**.

    In addition, adjectives have a soft mutation after feminine singular nouns and masculine plural nouns denoting persons (see **#11** for letters affected). Examples:

'a small woman'	**BENYN VYGHAN**	*'the small woman'*	**AN VENYN VYGHAN**
'an old pen'	**PLUVENN GOTH**	*'the old pen'*	**AN BLUVENN GOTH**

In the next section (**#18**) there is a list of common adjectives in pairs with some examples (**#18-19**) to translate. Make up some more examples of your own.

#18 HENWYN GWANN *Adjectives*   **Ensamplow**

da *good*	**drog** *bad*	**kernewek** *Cornish*	**sowsnek** *English*	**baner gwynn**
dien *complete*	**terrys** *broken*	**koth** *old*	**nowydh** *new*	**gweli koth**
du *black*	**gwynn** *white*	**ledan** *wide*	**ynn** *narrow*	**gwedrenn derrys**
glan *clean*	**plos** *dirty*	**leun (a)** *full (of)*	**gwag** *empty*	**kegin blos**
glyb *wet*	**sygh** *dry*	**skav** *light*	**poes** *heavy*	**ki glyb**
gwann *weak*	**krev** *strong*	**ughel** *high*	**isel** *low*	**tigenn nowydh**

baner kernewek

#19 OBER *Translate the following into Cornish:*

1. A white ship.	*4. The broken bed.*	*7. A clean glass.*	*10. That small boy.*
2. A white kitchen.	*5. A wet girl.*	*8. The black pen.*	
3. The white kitchen.	*6. The happy girl.*	*9. A tall man.*	**Add your own examples**

#20 NEBES LAVAROW KEMMYN *(Some common expressions).*

dydh da *good day*
myttin da *good morning*
gorthugher da *good evening*
nos dha *good night*
dohajydh da *good afternoon*
dyw genes *goodbye*
ny vern *it doesn't matter*
na fors *never mind*

meur ras *thanks*
mar pleg *please*
fatla genes ? *how are you ?*
yn poynt da *in good health*
da lowr *well enough, OK*
drog yw genev *I'm sorry*
yeghes da *good health, cheers*
serrys *angry*

#21 KESKOWS

Mr Angwynn: Ott ! Mestres Kernow. Nyns yw hi lowen. Dydh da Mestres Kernow. Fatla genes ?
Mrs Kernow: Serrys ov vy. An digenn ma yw terrys.
Mr Angwynn: Drog yw genev. Mes ass yw koth an digenn na !
Mrs Kernow: Gwir. Tigenn goth yw - ha byghan ynwedh.
Mr Angwynn: Ha fatla gans Mester Kernow ytho ?
Mrs Kernow: Yn poynt da meur ras. Pur lowen yw ev. Yma lyver nowydh gans Mr Kernow.
Mr Angwynn: Nyns yw lyver sowsnek ?
Mrs Kernow: Nag yw, nyns yw lyver sowsnek. Lyver kernewek yw.
Mr Angwynn: Da yw henna. Henn yw pur dha. Wel, Dyw genes ytho !
Mrs Kernow: Dyw genes Mester Angwynn.

Dyw genes !

#22 PUR *(very) softens (see* **#11***) the following adjective:*

very good = **pur dha***; very old =* **pur goth***; very dirty =* **pur blos***; very sad =* **pur drist**
       (da)   **(koth)**   **(plos)**   **(trist)**

#23 PY PAR ? *(What sort of ?)*

Py par den yw ev ?   **Koth yw ev.**   **Py par karr yw henna ?**   **Bras yw.**
What kind of man is he ?   *He's old.*   *What kind of car is that ?*   *It's big.*

#24 ASS ! *(How .... ! What a .... !)*

Ass yw hi glyb !   **Ass yw glan an chi ma !**   **Ass ov vy serrys !**   **Ass yw teg an gewer !**
How wet she is !   *What a clean house this is !*   *How angry I am !*   *What fine weather it is !*

#25 OBER *Translate the following into Cornish. Make up some examples of your own.*

1. Good morning. How are you ?
2. In good health, thank you.
3. I am sorry. Never mind.
4. How sad I am.
5. What sort of dog is it ?

6. Very wet and very dirty.
7. A very broken chair.
8. Are you Cornish ? Yes.
9. She is a very old woman.
10. Here is a glass. It is empty.

#26 OBER   Ensampel   Py par maw yw hemma ?   Lowen yw an maw ma.

1. Py par chi yw hemma ?
   (isel *po* ughel)

.... yw an chi ma.

2. Py par gwedrenn yw homma ?
   (leun *po* gwag)

.... yw an wedrenn ma.

3. Py par mowes yw homma ?
   (lowen *po* trist)

..... yw an vowes ma.

4. Py par baner yw hemma ?
   (gwynn *po* du)

.. yw an baner ma.

5. Py par lyver yw hemma ?
   (moen *po* tew)

... yw an lyver ma.

#27 GERVA

dew *m two* (+ soft mutation)	**mes** *but*	**Bretonyon** *p Bretons* **(An Vretonyon)**
a wodhes ? *do you know ?*	**hweg** *nice*	***Breizh da virviken !*** *Brittany for ever ! (in Breton)*
ny wonn *I don't know*	**yn hwir ?** *really ?*	**Kernow bys vykken !** *Cornwall for ever !*
Kernowyon *p Cornishmen*	**(an Gernowyon)**	

#28 KESKOWS

Maria:	Ottena dew dhen yowynk !
Jenifer:	Gwir, Maria. Piw yns i ? A wodhes ?
Maria:	Na. Ny wonn, mes pur hweg yns i.
Jenifer:	Myttin da ! Piw owgh hwi ? Owgh hwi Kernowyon ?
Den #1:	Nag on, nyns on ni Kernowyon. Bretonyon on ni.
Maria:	Bretonyon ? Yn hwir ? Ytho *'Breizh da virviken'* !
Den #2:	Meur ras ! Ha 'Kernow bys vykken' ynwedh !

#29 OBER *Translate.*

1. Kernowyon on ni.
2. Mowes vyghan yw Maria.
3. Ottena karr koth plos !
4. Bretonyon yns i.

5. **Gorthugher da ! Fatla genes ?**
6. *We are wet and unhappy.*
7. *Who are they ? I don't know.*
8. *They are Cornish.*

9. *We are not old !*
10. *You (p) are very tired.*

Make up some more examples of your own

#30 The **KESKOWS** above completes the present tense of **BOS** (*'to be'*).

yth/nyns/nag	(1s)	**ov vy**	I am	yth/nyns/nag	(1p)	**on ni**	we are
	(2s)	**os ta**	you are (s)		(2p)	**owgh hwi**	you are (p)
	(3sm)	**yw ev**	he is		(3p)	**yns i**	they are
	(3sf)	**yw hi**	she is				

#31   Particles: **YTH**, **NYNS** and **NAG** in **#30** (page 8) are known as particles.

YTH has no meaning but must be used in a sentence starting with the verb e.g. **YTH OV VY SKWITH** *('I am tired')*. If the sentence is turned around so that a noun or adjective comes before the verb **YTH** is no longer needed, e.g. **MOWES YW HI** *('she's a girl')*, **LOWEN YNS I** *('they are happy')*, and so on.

NYNS makes the sentence or phrase negative: **NYNS YW HI TRIST** *('she's not sad')*; **NYNS ON NI KEMBROYON** *('we're not Welsh')*.

NAG is used in the answer to a question if the answer is *'no'*:

Yns i koth ?	**Nag yns, nyns yns i koth.**	**Yowynk yns i.**
Are they old ?	*(= no,) they are not old.*	*They are young.*
Yw hi hir ?	**Nag yw, nyns yw hi hir.**	**Berr yw hi.**
Is she tall ?	*(= no,) she is not tall.*	*She is short.*

#32 OBER *Find the following words in the* **GERVA** *at the back of the book and write each word in the correct place on the drawing. Note whether each word is masculine or feminine in gender and think if putting* **AN** *before the word or adding an adjective will cause any mutation.*

lowarth
chi
glesin
daras
fenester
chymbla
krow
gwydhenn
fos
yet
bleujennow
losow-kegin
fordh
hyns
eglos
bre
prysk
ebrenn

#33 PYTH OS TA ? *(What are you ?)*

Skoler ov vy.

Skoler ov vy ynwedh.

Tiek ov vy.

Skrifennyades ov vy.

Medhyk ov vy.

Den bal ov vy.

Pyskador ov vy.

Gwithyas kres ov vy.

Dyskador ov vy.

PYTH YNS I ? *(What are they ?)*

. . . . yw ev.

. . . . . . yw hi.

. . . . . . yw ev.

. . . . oryon yns i.

. . . . yw ev.

. . . . yw hi.

. . . . yw ev.

. . . . yw ev.

HA TY, PYTH OS TA ?

#34 GERVA

toemm	yeyn	sygh	glyb	kosel	gwynsek
warm	*cold*	*dry*	*wet*	*calm*	*windy*

#35 AN GEWER — *The weather* **FATELL YW AN GEWER ?** *What's the weather like ?* **YEYN YW AN GEWER** *Cold is the weather* **YEYN YW HI** *It's cold*

Fatell yw an gewer ?

Fatell yw an gewer ?

Fatell yw an gewer ?

Fatell yw an gewer ?

Fatell yw an gewer ?

Fatell yw an gewer ?

Yw an gewer sygh ? Nag yw;
nyns yw hi sygh. Glyb yw hi.

Yw hi kosel ?
Yw, kosel yw hi.

Yw hi toemm ? Nag yw;
nyns yw hi toemm. Yeyn yw.

10

#36 GERVA

hwedhel *m story*	**my a vynn** *I want*
paper *m paper*	**skrifa** *to write*
ynk *m ink*	**dhis** *to you*
tan *m fire*	**dhymm** *to me*
dyskador *m teacher*	**kemmer !** *take !*
folenn *f page*	**ro dhymm !** *give me !*
kornell *f corner*	**genev** *with me*
arall *(an)other*	**genes** *with you*
hwath *still, yet*	**bydh kosel !** *be quiet !*
y'n (yn an) *in the*	**taw taves !** *shut up !*
ryb *by, beside*	(literally *silence tongue !*)
hedhyw *today*	**ke dhe-ves !** *go away !*
ow tos *coming*	**pyth eus genes ?** *what's (the matter) with you ?*

#37 KESKOWS (yntra dew flogh yn skol)

Jori: Eus pluvenn dhis ? My a vynn skrifa hwedhel berr.

Talwynn: Eus, yma pluvenn dhymm. Ottomma an bluvenn. Pluvenn dhu yw. Kemmer an bluvenn.

Jori: Meur ras, Talwynn. Ha ro dhymm folenn paper ynwedh mar pleg. Nyns usi ow lyver genev hedhyw.

Talwynn: Kemmer an folenn ma, ytho.

Jori: Ogh, terrys yw an gador ma. Ass yw hi koth ! Eus kador arall omma ?

Talwynn: Eus, yma kador ryb an tan. Mes bydh kosel ! Yma an dyskador ow tos !

Jori: Nyns usi ! Yma ev y'n gornell hwath. Re'n jowl ! Lemmyn nyns eus ynk y'n bluvenn ma ! Gwag yw. Eus ynk genes, Talwynn ?

Talwynn: Taw taves ! Ke dhe-ves ! Pyth eus genes hedhyw ?

#38 YMA/USI/EUS
These can all be translated as 'is' or 'are'. They are used when place or position is indicated.

YMA *is used in a statement* e.g.

Yma Jori y'n skol.	George is in the school.
Yma an ki y'n lowarth.	The dog is in the garden.
Yma kador ryb an tan.	There is a chair by the fire.

USI *is used in negative sentences and questions with a definite subject* e.g.

Usi Jori y'n skol ?	Is George in the school ?	(question)
Nyns usi an ki ryb an tan.	The dog is not by the fire.	(negative)

EUS *is also used in negative sentences and questions but with an indefinite or unspecified subject* e.g.

Eus pluvenn y'n digenn ?	Is there a pen in the bag ?	(question)
Nyns eus lyver omma.	There isn't a book here.	(negative)

(The subjects of the last two examples are indefinite because they do not specify which pen or book and could mean any book or pen)

#39 OBER *Translate these statements (see also #40, page 12).*

1. **Yma karr ryb an chi.**
2. **Yma Maria y'n lowarth.**
3. **Yma an bluvenn y'n digenn.**
4. **Yma an woedh y'n park**

5. **Yma ev ow hwerthin.**
6. The dog is by the fire.
7. The cat is in the garden.
8. She is in the house.

9. He is in Cornwall.
10. She is drinking.

Try to make up some of your own

#40 YMA/USI/EUS can also be used to indicate an action with a present participle (these end in *'-ing'* in English e.g. eat*ing*, com*ing*, wait*ing*), formed in Cornish by the particle **OW** (causing a hard mutation *see page 54*) or **OWTH** before a vowel or 'h' + the verbal noun.

Ensamplow	yma an den ow tybri *(the man is eating)*	ow tybri	*eating*	(from **dybri**)
	yma an maw ow kwari y'n lowarth	ow kwari	*playing*	(from **gwari**)
	yma an venyn ow mos dhe Logh	ow mos	*going*	
	usi tas *(father)* ow hwerthin ?	ow hwerthin	*laughing*	
	usi an vowes ow skrifa ?	ow skrifa	*writing*	
	nyns usi mamm *(mother)* owth eva	owth eva	*drinking*	
	nyns usi ev ow skrifa			

#41 OBER *Translate the following questions and negatives (all definite) into Cornish and try some of your own.*

1. **Usi Jori ow tos ?**   *6. Mary isn't in bed.*

2. **Nyns usi hi y'n skol.**   *7. Is she in the kitchen ?*

3. **Usi hi ow kwari ?**   *8. He isn't playing.*

4. **Nyns usi an den y'n chi.**   *9. Is he writing to me ?*

5. **Usi an gath y'n gegin ?**   *10. She isn't eating.*

#42 To understand further the difference between **USI** and **EUS**, note the following:

USI =   is the ... ?   is he ... ?   is she ... ?   is it ... ?

EUS =   is there a ... ?   is there any ... ?   are there any ... ?

Both are used in *negative sentences* and *questions* to do with :

a) *where somebody or something is*   *(POSITION)*:

   Usi an karr ryb an chi ?   Is the car by the house ?   *(definite subject)*

   Eus bara y'n gegin ?   Is there any bread in the kitchen ?   *(indefinite subject)*

b) *what somebody or something is doing*   *(ACTION)*:

   Usi ev ow kwari ?   Is he playing ?   *(definite subject)*

   Nyns eus tren ow tos.   There is no train coming   *(indefinite subject)*

Remember too that **USI** and **EUS** are used in negative sentences or questions where they replace **YMA**.

#43 OBER *Translate the following questions and negatives (all indefinite) into Cornish.*

1. Is there a book on the table ?   *6.* **Nyns eus korev.**

2. Is there a dog in the garden ?   *7.* **Eus maw ow kwari y'n lowarth ?**

3. There is no flag.   *8.* **Nyns eus bara omma.**

4. There is no pen in the bag.   *9.* **Eus lowarth dhis ?**

5. Is there a car coming ?   *10.* **Eus gwedrenn y'n gegin ?**

> When you are clear about *YMA/USI/EUS* make up some of your own sentences using the patterns above

---

#44 REDYANS (**gerva** on next page): *read the passage aloud; translate into English then back into Cornish.*

Yma Jori y'n lowarth. Yma ev ow redya lyver nowydh. Lyver da yw ynwedh ha pes da yw Jori. Teg yw an gewer; yma an howl ow splanna y'n ebrenn. Yma tas Jori y'n lowarth ynwedh. Yma ev owth eva korev. Leun yw an wedrenn vras ha yeyn yw an korev. Lowen yw tas ynwedh. Piw eus ow tos lemmyn ? Yma Jenifer ow tos. Yw Jenifer lowen hedhyw ? Nag yw, nyns yw hi lowen. Drog pes yw hi. Yn-medh hi: "Ass owgh hwi diek ! Yma an lestri plos ow kortos y'n gegin !"

#45 GERVA

howl *m sun*	**teg** *beautiful, fine*	**ow splanna** *shining*
korev *m beer*	**yeyn** *cold*	**ow redya** *reading*
kewer *f weather*	**diek** *lazy*	**ow kortos** *waiting* (from **gortos**)
lestri *p dishes*	**pes da** *content, happy*	**yn-medh** *says, said (in a quote)*

#46 OBER *Make complete sentences by taking one phrase from column 1 and one from column 2.*

koloven onan:	*koloven diw:*	
		rev *f oar*
		porth *m port*
yma rev brenn	.... y'n ganstell	**amari** *m cupboard*
yma bleujenn deg	.... y'n porth	**seth** *m vase*
nyns eus bara nowydh	.... y'n seth	**bleujenn** *f flower* (**an vleujenn**)
nyns usi an gath wynn	.... y'n skath vyghan	**kath** *f cat* (**an gath**)
yma an gorhel bras	.... y'n amari	**skath** *f boat*

#47 YMA/USI/EUS + DHE *(to)* can be used to express the English verb *'to have'*. **DHE** causes a soft mutation to the following word.

yma morthol dhe Jori   *George has a hammer* (literally: *there is a hammer to George*)
yma alhwedh dhe Varia   *Mary has a key* (literally: *there is a key to Mary*)

DHE combines with *'me'*, *'you'*, *'him'* and so on as follows:

(1s)	**dhymm**	to me
(2s)	**dhis**	to you
(3sm)	**dhodho**	to him
(3sf)	**dhedhi**	to her
(1p)	**dhyn**	to us
(2p)	**dhywgh**	to you
(3p)	**dhedha**	to them

Ensamplow

Yma ki dhymm.	*I have a dog.*
Eus karr dhis ?	*Do you have a car ?*
Nyns eus gwreg dhodho.	*He does not have a wife.*
Yma glawlenn dhedhi.	*She has an umbrella.*
Nyns eus ober dhyn.	*We have no work.*
Eus fleghes dhywgh ?	*Do you have any children ?*
Yma dew vroder dhedha.	*They have two brothers.*

yma glawlenn dhedhi

#48 Note also the following questions and answers with **YMA/USI/EUS + DHE**. Complete the blank spaces.

govynn *(question)*	gorthyp 1 *(answer 1)*	gorthyp 2 *(answer 2)*	
Eus chi dhis ?	Eus, yma chi dhymm.	Nag eus, nyns eus chi dhymm.	**Practise this pattern within your group, asking people whether they have various things, using words you have learnt.**
Eus broder dhis ?	Eus, yma broder dhymm.	Nag eus, . . .	
Eus karr dhis ?	Eus, yma karr dhymm.		
Eus skath dhis ?	Eus, yma	Nag eus, nyns eus . . .	
Eus glawlenn dhis ?			
Eus hwoer dhis ?			

#49 POSSESSIVES: to translate phrases such as *'the kitchen door'* or *'the dog's head'* into Cornish, it is first necessary to turn the phrase around: *'the door of the kitchen'*; *'the head of the dog'*. In Cornish these become:

daras an gegin (literally: *door the kitchen)*;   **penn an ki** (literally: *head the dog)*.

(Thus the first *'the'* and the *'of'* in English are omitted in Cornish.)

Ensamplow	to an chi	=	the roof of the house
	alhwedh an karr	=	the car key
	kath an teylu	=	the family's cat
	mamm Jenifer	=	Jenifer's mother

alhwedh an chi

#50 GERVA

goeles *m bottom*	alhwedh *m key*	lestrier *m dresser*
nans *m valley*	to *m roof*	tas *m father*
dornla *m handle*	kok *m fishing boat*	broder *m brother*
daras *m door*	pyskador *m fisherman*	mamm *f mother*

#51 *Sort out the following 'heads' and 'tails' to make sensible phrases.*

PENN *(head)*	LOST *(tail)*	GORTHYP *(answer)*
goeles	an gegin	1. goeles an . . . .
dornla	an vowes	2. dornla an . . . . .
kok	an nans	3. kok an . . . .
lestrier	an pyskador	4. lestrier an . . . . .
kath	an daras	5. . . . .

#52 POSSESSIVE ADJECTIVES.

(1s)	**ow**	*my*	(1p)	**agan**	*our*
(2s)	**dha**	*your*	(2p)	**agas**	*your*
(3sm)	**y**	*his*	(3p)	**aga**	*their*
(3sf)	**hy**	*her*			

> **Ensamplow**
>
> **ow lyver** *my book;*   **agan chi** *our house;*
> **dha lowarth** *your garden;*   **agas mamm** *your mother;*
> **y hwoer** *his sister;*   **aga alhwedh** *their key.*
> **hy broder** *her brother;*

DHA and **Y** are followed by the soft mutation (second state, see **#11** for revision).
Examples: **DHA DAS** *(your father)*;   **DHA GI** *(your dog)*;   **DHA WELI** *(your bed)*;
             Y VAMM *(his mother)*;   **Y BLUVENN** *(his pen)*;   **Y VANER** *(his flag)*.

OW, HY and **AGA** put the following word into the third state (also known as a breathed or spirant mutation). This affects initial letters K, P and T only.

initial letter	K*	P	T	(*but not Kl, Kn or Kr)
after breathed mutation	**H**	**F**	**TH**	

Examples: **OW HI** *(my dog)*;   **OW FENN** *(my head)*;   **OW THAS** *(my father)*;
             HY HATH *(her cat)*;   **HY FLUVENN** *(her pen)*;   **HY THIGENN** *(her bag)*;
             AGA THAN *(their fire)*; **AGA HEGIN** *(their kitchen)*; **AGA FAPER** *(their paper)*;

AGAN and **AGAS** cause no mutations to following words.
Examples: **AGAN TEYLU** *(our family)*; **AGAN KOK** *(our boat)*;   **AGAN KEGIN** *(our kitchen)*;
             AGAS MAB *(your son)*;   **AGAS GOEDH** *(your goose)*; **AGAS BARA** *(your bread)*.

> **Try some examples of your own to practise these, taking particular care with the mutations**

#53 OBER *Complete the following sentences, mutating the noun after the possessive adjective as appropriate.*

1. His chair is broken.   **Terrys yw . . . .**
2. My pen is on the table.   **Yma . . . . war an . . . .**
3. Your brother is in the kitchen.   **Yma . . . . y'n . . . . .**
4. Our car is old.   **Koth yw . . . .**
5. Their family is in Wales.   **Yma . . . . yn Kembra.**

> **Practise these changes with other words you have come across**

#54 MAPPA AN BROYOW KELTEK

Alban
Breten Vyghan
Iwerdhon
Kembra
Kernow
Manow

MAPPA KERNOW

A list of the Cornish forms of the names of some towns is given below. Find out which towns they are and mark them on the map.

Aberfal	**Pennsans**
Bosvenegh	**Porthia**
Essa	**Rysrudh**
Fowydh	**Sen Ostell**
Hellys	**Tewynn Pleustri**
Heyl	**Truru**
Kammbronn	
Lannstefan	
Logh	
Lyskerrys	

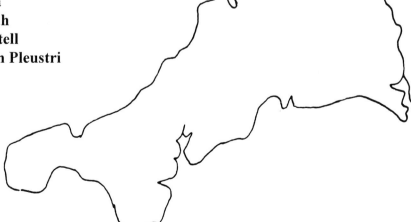

> **Compile a list of other place-names in Cornish, for example those you find in *An Gannas***

#55 AN TEYLU

tas	mamm (*an vamm*)	myrgh (*an vyrgh*)	mab
Jori (*40 bloedh*)	Jenifer (*40 bloedh*)	Morwenna (*15 bloedh*)	Ervan (*11 bloedh*)

Piw yw tas an teylu ?	Jori yw tas an teylu.
Piw yw mamm Ervan ?	Jenifer yw y vamm. (Jenifer yw mamm Ervan.)
Piw yw gwreg Jori ?	Jenifer yw gwreg Jori. (Jenifer yw y wreg.)
Piw yw broder Morwenna ?	Ervan yw hy broder. (Ervan yw broder Morwenna.)
Pes bloedh yw Jenifer ?	Dew-ugens bloedh yw hi.
Pes bloedh yw Morwenna ?	Pymthek bloedh yw hi.
Pes bloedh yw Ervan ?	Unnek bloedh yw ev.
Pes bloedh yw Jori ?	Dew-ugens bloedh yw ev.

Dew-ugens bloedh ov vy

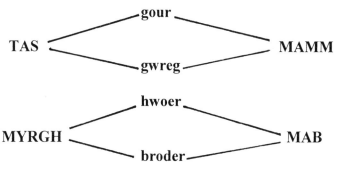

TAS — gour / gwreg — MAMM

MYRGH — hwoer / broder — MAB

Jenifer yw ow mamm

Pymthek bloedh ov vy

Jori yw ow gour

Morwenna yw ow hwoer

For a full list of numbers to give other people's ages see #101/102

#56 PLE'TH OS TA TRIGYS ?
Where do you live ?

Trigys ov vy yn Stret an Eglos

Trigys ov vy yn Fordh an Gorsav

Trigys on ni y'n Vownder Goth

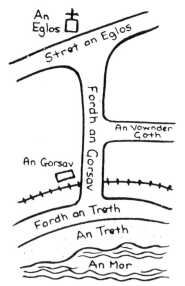

An Eglos

Stret an Eglos

Fordh an Gorsav

An Vownder Goth

An Gorsav

Fordh an Treth

An Treth

An Mor

PLE'TH YNS I TRIGYS ?
Where do they live ?

Trigys yw ev yn . . . .

Trigys . . . . . yn Stret . . . .

Trigys . . . . y'n . . . .

HA TY, PIW OS TA ?
. . . . OV VY

PES BLOEDH OS TA ?
. . . . BLOEDH OV VY

PLE'TH OS TA TRIGYS ?
TRIGYS OV VY YN . . . .

#57 BOS *(to be)* We have already met the so-called **short form** of **BOS**. The short form is used with a *noun* or an *adjective* as its complement e.g. **STUDHYER OV VY** *(I am a student)*; **KOTH YNS I** *(They are old)*. See section **#30** for a full conjugation.

We have also met **YMA/USI/EUS** (see **#38, 40, 42**) which are used when *position* is indicated or with a *present participle* (see **#40**), e.g. **YMA EV Y'N SKOL** *(He is in the school)*; **YMA HI OW KWARI** *(She is playing)*. **YMA/USI/EUS** are parts of the **long form** of **BOS** whose full conjugation is shown below.

	statement		negative		question	
(1s)	**Yth esov vy**	*I am*	**Nyns esov vy**	*I am not*	**Esov vy ?**	*Am I ?*
(2s)	**Yth esos ta**	*You are*	**Nyns esos ta**	*You are not*	**Esos ta ?**	*Are you ?*
(3sm)	**Yma ev**	*He/it is*	**Nyns usi ev**	*He/it isn't*	**Usi ev ?**	*Is he/it ?*
(3sf)	**Yma hi**	*She/it is*	**Nyns usi hi**	*She/it isn't*	**Usi hi ?**	*Is she/it ?*
(1p)	**Yth eson ni**	*We are*	**Nyns eson ni**	*We are not*	**Eson ni ?**	*Are we ?*
(2p)	**Yth esowgh hwi**	*You are*	**Nyns esowgh hwi**	*You are not*	**Esowgh hwi ?**	*Are you ?*
(3p)	**Ymons i**	*They are*	**Nyns esons i**	*They are not*	**Esons i ?**	*Are they ?*

You can take any one of the parts shown above and add a *phrase of position* or a *present participle* to make a Cornish sentence, for example:

Yth esov vy	y'n lowarth;	y'n gegin;	yn gweli;	ryb an pons;	ow redya;	ow mos;
I am	*in the garden;*	*in the kitchen;*	*in bed;*	*by the bridge;*	*reading;*	*going.*
Nyns esons i	war an to;	y'n skol;	y'n skath;	ow koska;	owth eva;	ow hwerthin;
They are not	*on the roof;*	*in the school;*	*in the boat;*	*sleeping;*	*drinking;*	*laughing.*

YMA is also used with any noun subject, singular or plural, e.g.

Yma an gath yn-dann an gweli	The cat is under the bed.
Yma an fleghes y'n skol.	The children are in the school.
Yma Jori ha Maria y'n lowarth.	George and Mary are in the garden.

#58 GERVA	glesin *m*	glyb	sygh	ple ?	ple'ma ?	war
	lawn	*wet*	*dry*	*where ?*	*where is/are ?*	*on*

#59 KESKOWS (Yntra mamm ha mab)

Mamm:	Yowann, ple'th esos ta ? Esos ta y'n gegin ?
Mab:	Nag esov. Yth esov vy y'n lowarth, mamm.
Mamm:	Ha Maria, usi hi y'n lowarth genes ynwedh ?
Mab:	Usi, yma hi y'n lowarth genev.
Mamm:	Esowgh hwi war an glesin ? An glesin yw glyb, pur lyb.
Mab:	Nag eson, mamm. Nyns eson ni war an glesin. Yth eson ni y'n wydhenn.
Mamm:	Y'n wydhenn yth esowgh ! Ass owgh hwi drog !
Mab:	Nag on, mamm, nyns on ni drog. Nyns yw glyb an wydhenn ma. Gwydhenn sygh yw, mamm.

#60 OBER *From the* **KESKOWS** *above (#59), try to pick out the occurrences and uses of the* **long** *and* **short** *forms of* **BOS**. *Explain why each form is used in each instance. When you are clear about these points, make up some sentences, questions and negatives based on the patterns above.*

#61 *Note the following usages, and make some similar phrases by substituting different vocabulary.*

Pyth esos ta ow kul ?	**Yth esov vy ow tybri.**	**Ple'th esos ta ow mos ?**	**Yth esov vy ow mos dhe'n dre.**
What are you doing ?	*I am eating.*	*Where are you going ?*	*I am going to town.*

#62 Y'N CHI *Use the examples from #62-65 to practise the **long** form of* **BOS**. *Make sure you know when to use the **long** form and when to use the **short** form.*

Yma an karr
y'n karrji.

Yma gweli
y'n chambour.

Yma kibell
y'n stevell-
omwolghi.

Yma gwydhenn
y'n lowarth.

Yma forn y'n
gegin.

Yma an
pellgowser y'n
hel.

Yma an
bellwolok
y'n esedhva.

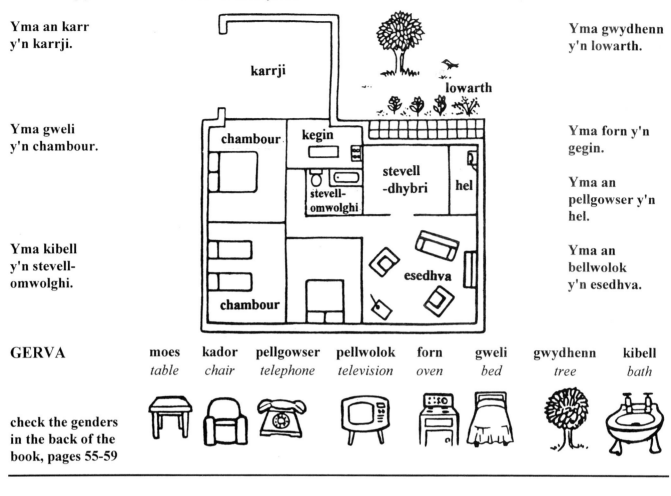

GERVA	moes *table*	kador *chair*	pellgowser *telephone*	pellwolok *television*	forn *oven*	gweli *bed*	gwydhenn *tree*	kibell *bath*

check the genders
in the back of the
book, pages 55-59

#63 BOS *(long form). Fill in the blanks.*

Ple'ma Maria ?
Where is Maria ?

Pyth usi hi ow kul ?
What is she doing ?

Yma hi y'n esedhva;
yma hi ow mires orth
an bellwolok.

Ple'ma Peder ?

Pyth usi ev ow kul ?

Yma ev . ' . gegin; yma
ev ow pareusi hanaf a
goffi.

Ple'ma Jenifer ?

. . . . usi hi ow kul ?

Yma hi y'n lowarth;
yma .. .. palas.

Ple'ma Jori ?

Pyth usi .. ow kul ?

. . . ev y'n stevell-
dhybri; . . . .. ow
tybri.

Ple'ma Morwenna ?

Pyth usi .. ow kul ?

Yma .. y'n stevell-
omwolghi; . . . hi owth
omwolghi.

Ple'ma Ervan ?

Pyth usi ev .. . ...?

. . . ' . .. .'n hel; . . . ev
ow pellgewsel.

. . . ' . . Eva ?

. . . . ow kul ?

. . . .. y'n . . . .;
yma hi ow koska yn
gweli.

#64 *Now imagine that you have just come into the house and want to know where everyone is. You must ask:*

Ple'th esos ta ? *(where are you ?)*   **Pyth esos ta ow kul ?** *(What are you doing ?)*

Peder, ple'th esos ta ?
Pyth esos ta ow kul ?

Yth esov vy y'n gegin; yth esov vy ow pareusi hanaf a goffi.

Jenifer, ple'th esos ta ?
Pyth esos ta ow kul ?

Yth esov vy y'n ....; yth esov vy .. palas.

Morwenna, ple'th esos ta ?
Pyth esos ta ow kul ?

Yth esov vy y'n gibell. Yth .... .. owth omwolghi.

Ervan, ple'th .... ..?
Pyth ....?

Yth .... .. y'n hel; yth esov vy ow ....

Maria, ple' .. ..?
Pyth ....?

Yth .... .. y'n ....;
yth .... .. ow ..... orth an bellwolok.

Jori, ...'.. .... ..?
.... ?

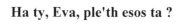

... . y'n ....- dhybri; yth esov .. ow .....

Ha ty, Eva, ple'th esos ta ?

Nyns eus gorthyp. Yma hi y'n chambour yn gweli. Yma hi ow koska.

#65 GOVYNNADOW ERELL   *(some other questions)*

Usi Jenifer ow palas ?	Usi, yma hi ow palas.
Usi Eva ow koska ?	Usi, yma hi ow koska.
Usi Ervan ow koska ?	Nag usi, nyns usi ev ow koska. Yma ev ow pellgewsel.
Usi Peder ow palas ?	Nag usi, nyns usi ev ow palas. Yma ev ow pareusi hanaf a goffi y'n gegin.
Esos ta ow koska ?	Esov, yth esov vy ow koska.
Esos ta ow tybri ?	Nag esov, nyns esov vy ow tybri. Yth esov vy ow mires orth an bellwolok.
Esos ta ow palas ?	Esov, yth esov vy ow palas y'n lowarth.
Esos ta y'n gegin ?	Nag esov. Yth esov vy y'n stevell-omwolghi.

#66 REDYANS *(for new words see* **GERVA #67** *below).*

      Ottomma Mestres Penngelli gans hy mab Peder. Ymons i y'n esedhva ow kortos kinyow. Pyth usi Peder ow kul ? Yma ev ow redya an paper-nowodhow. Mes ple'ma y hwoer, Maria ? Usi hi y'n stevell ? Nag usi; yma hi y'n gegin gans hy thas. Ymons i ow pareusi boes ena.   Piw eus war an leur ? Yma an ki ena. Yma ev ow koska a-rag an tan. Ha ple'ma Mestres Penngelli ? Pyth usi hi ow kul ? Yma hi a'y esedh yn hy hador-vregh ow mires orth an bellwolok. Pur skwith yw hi wosa oberi oll an jydh.

#67 GERVA

esedhva *f sitting room*	**boes** *m food*	**ow mires orth** *looking at*
pellwolok *f television*	**kador-vregh** *f armchair*	**ow pareusi** *preparing*
kinyow *m dinner*	**wosa** *after*	**ow koska** *sleeping*
nowodhow *p news*	**ena** *there*	**ow kul** *doing* (from **gul** *to do*)
stevell *f room*	**oberi** *to work*	**owth oberi** *working*
leur *m floor*	**dres** *through*	**a'y esedh** *(3s) seated*
dydh *m day* (**an jydh**)	**skwith** *tired*	**a-rag** *in front of*

#68 OBER *Using the* **GERVA** *(#67) and the word list at the back of the book, label the things shown in the drawing below. Note the gender of each word and its plural. Try to use some of the vocabulary in sentences of your own.*

#69 YSTYNNANS AMMETH AN BARGEN-TIR
extension *agriculture* *the farm*

This section (#69-74) gives further examples of the use of long and short forms of *BOS* to clarify the different circumstances of their use. Some new vocabulary is introduced but no new grammatical points. Read through, identify the different forms and note why they occur.

Ottomma den >

Piw yw an den ma ?
Mester Peder Angov yw ev.
Ha pyth yw ev ?
Tiek yw ev. Den tew ha krev yw ev.

Hag ottomma benyn.
Piw yw hi ?
Mestres Roslan Angov yw hi.
Tioges yw hi ha gwreg Peder.
Gour ha gwreg yns i.

Hag ottomma tri flogh. Piw yns i ?
Fleghes Mester ha Mestres Angov yns i.
Pyran yw ugens (20) bloedh.

Pyran

Lowena

Mighal yw trydhek (13)
bloedh.

Lowena yw hwetek (16)
bloedh.

Yma flogh arall y'n teylu Angov
ynwedh. Yowynk yw ev.
Wella yw y hanow. Otta ev.

Mighal

Yma bargen-tir dhe'n teylu Angov.
Ottomma mappa aga bargen-tir.
An tir yw desedhys ynter an avon
ha'n woen.

Wella

#70 GERVA

bargen-tir *m farm*
tiek *m farmer*
gour *m husband*
hanow *m name*
arall *(an)other*
avon *f river*
tir *m land*
bowji *m cowshed*
krev *strong*
tioges *f farmer's wife* (**an dioges**)
gwreg *f wife* (**an wreg**)
flogh *m child* **fleghes** *p children*
bloedh *years of age*
desedhys *situated*
goen *f moor* (**an woen**)
skiber *f barn*

MAPPA AN BARGEN-TIR

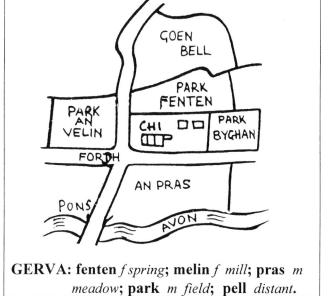

GERVA: **fenten** *f spring*; **melin** *f mill*; **pras** *m meadow*; **park** *m field*; **pell** *distant*.

#71 REDYANS Y'n bargen-tir yma lies enyval. Y'n park byghan yma deg (10) hogh. Y'n pras ryb an avon yma ugens (20) bugh. Y'n woen bell yma tri-ugens davas. Y'n garth ryb an chi yma ugens (20) yar.

Ottomma chi an teylu:

Chi an teylu Angov yw hemma. Ryb an chi yma krow. Ynwedh yma garth ena. Y'n garth yma skiber ha bowji. Koth yw an bowji ha hir yw an skiber.

#72 GOVYNNADOW

GOVYNNADOW	GORTHYBOW	(s)	(p)
Ple'ma an hoghes ?	Y'n park byghan yma an hoghes.	hogh	hoghes
Ple'ma an bughes ?	Y'n pras yma an bughes.	bugh	bughes
Ple'ma an deves ?	Y'n woen bell yma an deves.	davas	deves
Ple'ma an yer ?	Y'n garth yma an yer.	yar	yer
Ple'ma an fleghes ?	Y'n chi yma an fleghes.	flogh	fleghes

GERVA:

enyval *m*	park *m*	pras *m*	garth *m*	lies
animal	*field*	*meadow*	*yard*	*many* *(with a singular noun)*

#73 Ple'ma eseli an teylu Angov hedhyw ? Wel, nyns usi Pyran y'n chi. Yma ev yn Park an Velin. Ha pyth usi ev ow kul ena ? Yma ev owth aras. Yma jynn-tenna ganso.

ow lywya jynn-tenna

Ha Mester Angov ple'ma ev ? Nyns usi ev tre namoy. Yma ev y'n dre dhe'n varghas rag gwertha pymp bugh.

kanstell leun a oyow

Yma Lowena y'n skiber. Yma hi ow kuntell oyow yn kanstell vras. Ha ple'ma Mighal ? Yma ev y'n bowji gans an bughes. Yma ev ow kodra an bughes rag kavoes leth.

ow kodra bugh

#74 GERVA

owth aras *ploughing*	jynn-tenna *m tractor*	gweli *m bed*
ow kodra *milking* (from **godra**)	marghas *f market*	tre *(at) home*
ow kuntell *collecting*	kanstell *f basket*	y'n dre *in town*
oy *m egg* (p **oyow**)	leth *m milk*	gwertha *to sell*
eseli *p members*	kavoes *(to) get, find*	rag *for, in order to*

#75 BOS *(to be)* Summary of conjugation and uses of long and short forms.

a) **Long form** is used with **position** (adverbial phrases) and **action** (present participle):

	statement		negative		question	
(1s)	**Yth esov vy**	*I am*	**Nyns esov vy**	*I am not*	**Esov vy ?**	*Am I ?*
(2s)	**Yth esos ta**	*You are*	**Nyns esos ta**	*You are not*	**Esos ta ?**	*Are you ?*
(3sm)	**Yma ev**	*He/it is*	**Nyns usi ev**	*He/it isn't*	**Usi ev ?**	*Is he/it ?*
(3sf)	**Yma hi**	*She/it is*	**Nyns usi hi**	*She/it isn't*	**Usi hi ?**	*Is she/it ?*
(1p)	**Yth eson ni**	*We are*	**Nyns eson ni**	*We are not*	**Eson ni ?**	*Are we ?*
(2p)	**Yth esowgh hwi**	*You are*	**Nyns esowgh hwi**	*You are not*	**Esowgh hwi ?**	*Are you ?*
(3p)	**Ymons i**	*They are*	**Nyns esons i**	*They are not*	**Esons i ?**	*Are they ?*

b) **Short form** is used with **descriptions** (nouns and adjectives):

	statement		negative		question	
(1s)	**Yth ov vy**	*I am*	**Nyns ov vy**	*I am not*	**Ov vy ?**	*Am I ?*
(2s)	**Yth os ta**	*You are*	**Nyns os ta**	*You are not*	**Os ta ?**	*Are you ?*
(3sm)	**Yth yw ev**	*He/it is*	**Nyns yw ev**	*He/it isn't*	**Yw ev ?**	*Is he/it ?*
(3sf)	**Yth yw hi**	*She/it is*	**Nyns yw hi**	*She/it isn't*	**Yw hi ?**	*Is she/it ?*
(1p)	**Yth on ni**	*We are*	**Nyns on ni**	*We are not*	**On ni ?**	*Are we ?*
(2p)	**Yth owgh hwi**	*You are*	**Nyns owgh hwi**	*You are not*	**Owgh hwi ?**	*Are you ?*
(3p)	**Yth yns i**	*They are*	**Nyns yns i**	*They are not*	**Yns i ?**	*Are they ?*

#76 OBER Ensamplow dhe dreylya *(examples to translate)*.

HIR *(long)*
Yth esov vy y'n chi.
Usi hi ryb an daras ?
Esos ta y'n lowarth ?
Usi ev war an gweli ?
Nyns eson ni y'n skol.
Ymons i ow tybri.
He is by the boat.
They are on the table.
Is she on the beach ?
Are you behind the car ?
I am not in the garden.
We are not in the house.

BERR *(short)*
Toemm ov vy.
Dyskadores yw hi.
Os ta skwith ?
Yw ev tiek ?
Nyns on ni lowen.
Yowynk yns i.
He is old.
They are cold.
Is she a doctor ?
Are you a miner ?
I am not a farmer.
We are not tired.

#77 Note that **YMA** with an indefinite subject means *'there is/there are'*, with **NYNS EUS** being the negative form. The question form is **EUS**, and this can mean *'is there a .. ?'*, *'are there any .. ?'* with the answer of **EUS** for *'yes'* and **NAG EUS** for *'no'*.

Ensamplow   **Nyns eus keus** *(cheese)* **omma**
Eus gorhel y'n porth ?
Yma tigenn war an gador.
Yma ki y'n lowarth.
Nyns eus karr dhedha.
There is a pen on the table.
Are there any children in the field ?
There isn't any bread in the cupboard.
There are two men at (**orth**) *the door.*
Have you got a brother ? (Is there a brother to you ?)

Eus bara y'n amari ?
Eus, yma bara omma.

#79 REDYANS   AN SOEDHVA

Ottomma benyn. Yma hi owth oberi yn hy soedhva. Jenifer Klemo yw hy hanow. Benyn yowynk yw hi ha lowen yn hy ober. Perghenn an soedhva yw Mester George Smith mes an rewler yw Androw Pollglas.

Jenifer yw skrifennyades. Yma kador vras ha koth dhedhi ha desk ynwedh. Pyth eus war an desk ? Yma jynn-skrifa, pellgowser, lugarn ha dew seth ena. Yma teyr fluvenn y'n kynsa seth ha bleujennow y'n seth arall.

Yma pluvenn yn hy dorn deghow hag yma hi ow skrifa notennow gans an bluvenn war folenn paper. Y'n dorn arall, yma hi ow synsi an pellgowser. Usi hi ow kewsel y'n pols ma ? Nag usi; nyns usi hi ow kewsel. Yma hi ow koslowes ha skrifa.

GERVA

soedhva *f office*
perghenn *m owner*
rewler *m manager*
skrifennyades *f secretary*
jynn-amontya *m computer*
ober *m work*
dorn *m hand*
kynsa *first*
deghow *right (hand)*

Verbow

synsi	to hold	>	ow synsi	holding
oberi	to work	>	owth oberi	working
goslowes (orth)	to listen (to)	>	ow koslowes	listening
kewsel (orth)	to speak (to)	>	ow kewsel	speaking
skrifa (dhe)	to write (to)	>	ow skrifa	writing

#80 NEBES GOVYNNADOW

govynn *(look at the drawing on page 24)*	**gorthyp** *(try not to look at the answers first)*
Ple'ma Jenifer ?	Yma hi y'n soedhva.
Ple'ma an bleujennow ?	Ymons i y'n seth.
Ple'ma an jynn-skrifa ?	Yma an jynn-skrifa war an voes.
Ple'ma an lugarn ?	Yma an lugarn ryb an seth.
Eus pluvenn dhe Jenifer ?	Eus, yma pluvenn dhedhi.
Eus euryor dhedhi ?	Eus, yma euryor dhedhi.
Eus gwivrenn dhe'n pellgowser ?	Eus, yma gwivrenn dhodho.
Eus dewweder dhe Jenifer ?	Nag eus, nyns eus dewweder dhedhi.
Yw Jenifer benyn goth ?	Nag yw, nyns yw hi koth.
Yw hi lowen ?	Yw, lowen yw hi.
Yw hi skwith ?	Nag yw, nyns yw hi skwith.
Yw hi kernewek ?	Yw, kernewek yw hi.
Eus bleujennow y'n seth ?	Eus, yma bleujennow y'n seth.
Eus stampow ryb an maylyer ?	Eus, yma stampow ryb an maylyer.
Eus tigenn war an voes ?	Nag eus, nyns eus tigenn war an voes.
Eus klokk y'n soedhva ?	Nag eus, nyns eus klokk y'n soedhva.
Usi Jenifer ow skrifa ?	Usi, yma hi ow skrifa.
Usi hi ow pellgewsel ?	Usi, yma hi ow pellgewsel.
Usi hi ow tybri ?	Nag usi, nyns usi hi ow tybri.
Usi hi ow jynnskrifa ?	Nag usi, nyns usi hi ow jynnskrifa.

#81 GERVA

lugarn   pellgowser   maylyer   dewweder   gwivrenn   seth

jynn-skrifa   krys   gols   euryor   dorn   stampow   bleujennow

#82 LIWYOW *Colour the picture (page 24) using these colours (look up meanings at the back of the book):*

melyn	rudh	glas	gwyrdh	du	gell	loes	gwynn

Then practise asking what colour each item is by saying **PY LIW YW AN ... ?** *(what colour is the ... ?), e.g.*

Py liw yw an pellgowser ?	(gywnn) yw an pellgowser.
Py liw yw an lugarn ?	. . . . . yw an lugarn.
Py liw yw an gador ?	
Py liw yw gols Jenifer ?	
Py liw yw an bleujennow ?	
Py liw yw krys Jenifer ?	

> **notenn:** in Cornish *GLAS* is used for living things such as trees, leaves etc. when English would use green.

#83 *The auxiliary verb* **MYNNES** *(to want, to wish, to intend, to mean to).*

MYNNES is one of the so-called auxiliary verbs because it is used with other verbs to help complete the sense of the phrase, e.g. *I want to eat; they intend to go.*

The easiest way to express such phrases in Cornish is to use a **nominal sentence**. Here a noun or pronoun (I, you, she, we etc.) comes first and is linked to the verb by the particle **A**. If the noun or pronoun is the subject (the person doing the action) the verb does not change. This is simple, as shown below:

	subject +	**a vynn**	+	another verb (verbal noun)	
(1s)	**my**	a vynn		skrifa	*(I want to write)*
(2s)	**ty**	a vynn		dybri	*(you want to eat)*
(3sm)	**ev**	a vynn		koska	*(he wants to sleep)*
(3sf)	**hi**	a vynn		oberi	*(she wants to work)*
(1p)	**ni**	a vynn		mos	*(we want to go)*
(2p)	**hwi**	a vynn		gwari	*(you want to play)*
(3p)	**i**	a vynn		eva	*(they want to drink)*

#84 OBER *Use the above pattern to translate the following.*

GERVA	1. She wants to write a new book.
te *m tea*	2. He wants to drink tea but (**mes**) they want to drink coffee.
koffi *m coffee*	3. You want to eat bread and cheese.
dhe'n *to the*	4. I want to go to the beach.
treth *m beach*	5. We want to play in the garden.

> **notenn:** *the subject of these verbs can also be a noun, e.g.*
> **Maria a vynn skrifa;**
> **an den a vynn eva;**
> **Jori ha Jenifer a vynn mos dhe'n treth.**

#85 Unfortunately, the nominal sentence (sometimes known as the impersonal form) can only be used in statements. In negatives and in questions, a **verbal sentence** must be used. Here the verb comes first and has an ending to show the person doing the action. A pronoun or noun can follow. (If the subject noun is plural the verb remains singular and does not change.) Below, the *stem* of the verb, **MYNN**, has an *ending* added to show which person is doing the wanting, as shown in the column marked unmutated and in italics.

	unmutated	negative	question
(1s)	**mynn***av*	**ny vynnav vy** *I don't want*	**a vynnav vy ?** *do I want ?*
(2s)	**mynn***ydh*	**ny vynnydh ta*** *you don't want*	**a vynnydh ta ?** **do you want ?*
(3sm)	**mynn**	**ny vynn ev** *he doesn't want*	**a vynn ev ?** *does he want ?*
(3sf)	**mynn**	**ny vynn hi** *she doesn't want*	**a vynn hi ?** *does she want ?*
(1p)	**mynn***yn*	**ny vynnyn ni** *we don't want*	**a vynnyn ni ?** *do we want ?*
(2p)	**mynn***owgh*	**ny vynnowgh hwi** *you don't want*	**a vynnowgh hwi ?** *do you want ?*
(3p)	**mynn***ons*	**ny vynnons i** *they don't want*	**a vynnons i ?** *do they want ?*

the 'you' (s) forms often contract to **ny vynn'ta** *and* **a vynn'ta ?**

note 1. The enclitic (**vy, ta, ev, hi, ni, hwi, i)** are not strictly speaking necessary but can help clarity.

note 2. The unmutated form is used as the answer to a question if the answer is *'yes'*, e.g.

A vynnons i dos ? Mynnons.		**A vynnowgh hwi dybri ?**	**Mynnyn.**	**A vynn'ta mos ?**	**Mynnav.**
Do they want to come ? Yes.		*Do you want to eat?*	*Yes.*	*Do you want to go ?*	*Yes.*

note 3. The *'no'* answers to the same questions would be: **Na vynnons. Na vynnyn. Na vynnav.**

note 4. The particles **ny** (negative), **a** (question) and **na** (negative answer) are all followed by soft mutation (**m>v**).

note 5.

My a vynn gortos.	*(I want to stay)*	= nominal sentence (statement);
Ny vynnav vy gortos.	*(I don't want to stay)*	= verbal sentence (negative);
A vynnav vy gortos ?	*(Do I want to stay ?)*	= verbal sentence (question).

#86 GERVA

syghes *m thirst*	**yma syghes dhymm** *I am thirsty*	
nown *m hunger*	**yma nown dhodho** *he is hungry*	
boes *m food*	**da yw genev** *I like*	
brithel *m mackerel*	**gwell** *better*	
ober *m work*	**gwell yw genev** *I prefer*	
kinyow *m dinner*	**an gwella** *the best*	
pysk *m fish*	**a ny yll'ta ?** *can't you ?*	
py ? *what ? which ?*	**res yw dhymm** *I must*	
py boes ? *what food ?*	**res yw dhis** *you must*	
gortos *to wait* (**ow kortos**)	**ty a woer** *you know*	
dybri *to eat* (**ow tybri**)	**meur a** *a lot of* (*with plural noun*)	
pols *m moment*	**pandra ?** *what* (*with verb*)	

#88 gans *(with) This combines with pronouns as follows:*

genev	*with me*
genes	*with you* (s)
ganso	*with him/it*
gensi	*with her/it*
genen	*with us*
genowgh	*with you* (p)
gansa	*with them*

#87 KESKOWS

Mab:	Mamm, yma syghes dhymm.
Mamm:	A ny yll'ta gortos pols ?
Mab:	Ny vynnav gortos, mamm.
Mamm:	Wel, res yw dhis gortos. Yma meur a ober dhymm.
Mab:	Mamm, yma nown dhymm ynwedh. Yma nown bras dhymm. My a vynn dybri.
Mamm:	Pandr'a vynn'ta dhe dhybri, ytho ? Py boes yw gwell genes ?
Mab:	Ty a woer, mamm. Gwell yw genev dybri pysk.
Mamm:	Wel, taw taves, ytho. Ottomma dha ginyow.
Mab:	Splann ! Brithel ! Da yw genev dybri pysk, mes brithel yw an gwella oll.

#89 GERVA

gweles *to see*	**euthek** *horrible*	**heb mar** *without doubt*
fylm *m film*	**dhe wir ?** *really ?*	**triga** *to live*
haneth *tonight*	**prag ?** *why ?*	**dell yw** *as it is*
hanow *m name*	**leun a** *full of*	**dell grysav** *(as) I believe*
euth *m horror*	**goes** *m blood*	**edhen** *f bird*
py par ? *what sort of ?*	**a'n par na** *of that sort*	**ydhyn** *p birds*

#90 KESKOWS

Gour:	My a vynn mos dhe weles an fylm haneth. A vynn'ta dos genev ?
Gwreg:	Py fylm yw henna ?
Gour:	Hanow an fylm yw 'An Ydhyn'.
Gwreg:	Py par fylm yw henna ?
Gour:	Fylm pur dha yw, dell grysav. Fylm euth ynwedh !
Gwreg:	Ogh, ny vynnav dos genes.
Gour:	Dhe wir ? A ny vynn'ta dos ? Prag ?
Gwreg:	Prag ? Wel, ny vynnav gweles fylm a'n par na, leun a woes dell yw heb mar. Triga genes yw euthek lowr, meur ras !

#91 The auxiliary verb **GALLOES** *(to be able,* often expressed by *'can'* in English) follows the same basic pattern and rules as **MYNNES** (see notes **#85**). Forms of the **nominal sentence**, in which the verb follows the subject and does not show the personal endings are:

	subject +	a yll +	another verb (verbal noun)	
(1s)	my	a yll	gweles	*(I can (am able) to see)*
(2s)	ty	a yll	klywes	*(you can hear)*
(3sm)	ev	a yll	dos	*(he can come)*
(3sf)	hi	a yll	mos	*(she can go)*
(1p)	ni	a yll	dybri	*(we can eat)*
(2p)	hwi	a yll	koska	*(you can sleep)*
(3p)	i	a yll	prena	*(they can buy)*

#92 PRAKTIS *Try to make the phrases above into full sentences: e.g.*
> I can see the dog in the garden;
> she can go to the beach today, *etc.*

Then make up some examples of your own with other verbs and vocabulary you know.

#93 Personal forms of **GALLOES** for use in **verbal** sentences are as shown below. These forms must be used in *negative sentences* and *questions*. The verbal endings are quite regular as you will see by comparing them with **MYNNES (#85)**.

	unmutated	negative		question	
(1s)	gall*av*	ny allav vy	*I can't*	a allav vy ?	*can I ?*
(2s)	gyll*ydh*	ny yllydh ta*	*you can't*	a yllydh ta*	*can you ?*
(3sm)	gyll	ny yll ev	*he can't*	a yll ev ?	*can he ?*
(3sf)	gyll	ny yll hi	*she can't*	a yll hi ?	*can she ?*
(1p)	gyll*yn*	ny yllyn ni	*we can't*	a yllyn ni ?	*can we ?*
(2p)	gyll*owgh*	ny yllowgh hwi	*you can't*	a yllowgh hwi ?	*can you ?*
(3p)	gyll*ons*	ny yllons i	*they can't*	a yllons i ?	*can they ?*

> * often contract to
> **ny yll'ta** *and*
> **a yll'ta ?**

#94 GERVA

a-vorow *tomorrow*	**soweth** *unfortunately*	**pandra ?** *what ?*
myttin *m morning*	**gweres** *to help* **(ow kweres)**	**ena** *there*
dy' Yow *Thursday*	**kavoes** *to get, obtain*	**bys yn** *until*
taklow *p things*	**prena** *to buy*	**eskisyow** *p shoes*
lavrek *m trousers*	**nebes** *some* (+ plural noun)	**a yll'ta ?** *can you ?*
daffar *m equipment*	**pyskessa** *to fish*	**dha weles !** *see you !*

#95 KESKOWS

Maria:	Dydh da dhis, Jori. Fatla genes ? A yll'ta dos dhe'n dre genev a-vorow ?
Jori:	Na allav. Soweth, ny allav vy dos. Res yw dhymm gweres ow thas y'n lowarth.
Maria:	A yll'ta dos dy' Yow ytho ?
Jori:	Gallav, sur. My a yll dos dhe'n dre dy' Yow. My a vynn kavoes nebes taklow.
Maria:	Pandr'a vynn'ta dhe brena ?
Jori:	Kynsa, my a vynn prena eskisyow nowydh. Wosa henna, my a vynn prena lavrek . A allav vy prena daffar pyskessa ena ?
Maria:	Na yllydh. Res yw dhis mos dhe Sen Ostell rag kavoes henna.
Jori:	Na fors. Ni a yll mos dhe Sen Ostell yn karr ow thas. Ev a vynn mos ena dy' Yow ynwedh. Ni a yll mos ganso.
Maria:	Henn yw da. Ytho, bys yn dy' Yow ! Dha weles !

#96 OBER *Using the forms shown in #91, translate the following into Cornish.*

1. *You can buy shoes in the town.*
2. *I can hear the train coming.*
3. *They can help my mother tonight.*
4. *She can come (on) Thursday.*
5. *We can see a dog on the lawn.*

Ny allav vy gweles!

#97 OBER *Using the conjugated forms of* **GALLOES** *in #93, write the five sentences above in the negative (i.e.* 'You can't buy shoes in the town') *and as questions* ('Can you buy shoes in the town ?'). *Translate each one into Cornish. Then go back and do the same with the five sentences in #84 using the forms of* **MYNNES** *in #85*

#98 You will have noticed that there is no word in Cornish for *'yes'* or *'no'* but that this is expressed by repeating the verb in the appropriate person. Here are some examples using **BOS**, **MYNNES** and **GALLOES**, the parts in italics being all equivalent to *'yes'* or *'no'* in English.

Os ta tiek ?	*Nag ov*, nyns ov vy tiek.
Yw ev medhyk ?	*Nag yw*, nyns yw ev medhyk.
Usi Yowann ow tos ?	*Nag usi*, nyns usi Yowann ow tos.
Eus keus y'n gegin ?	*Eus*, yma keus y'n gegin.
A vynn ev dybri ?	*Mynn*, ev a vynn dybri.
A vynnons i koska ?	*Na vynnons*, ny vynnons i koska.
A yllyn ni mos ?	*Gyllyn*, ni a yll mos.
A yll'ta gweles ?	*Na allav*, ny allav vy gweles.

Yw ev medhyk?
Nag yw!

In conversation many Cornish speakers now use the words **'ya'** and **'na'**. If in difficulty just nod or shake your head!

#99 Note: the verb **GALLOES** is not used to translate *'can'* in the sense *'know how to'* e.g *'Can you swim ?'*; *'She can speak Cornish.'* The irregular verb **GODHVOS** *('to know')* is used to convey this meaning.

#100 GODHVOS *(to know (a fact), to know how to. Use* **ASWONN** *for people and places))*

Impersonal form (nominal sentence)

my a woer neuvya

my a woer *I know*
ty a woer *you know*
ev a woer *he knows*
hi a woer *she knows*
ni a woer *we know*
hwi a woer *you know*
i a woer *they know*

e.g. **hi a woer kewsel Spaynek; i a woer goelya; ev a woer gwari an piano; ni a woer lywya jynn-tenna.**

Personal form (verbal sentences)

	unmutated	negative	question
(1s)	**gonn**	**ny wonn vy** *I don't know*	**a wonn vy ?** *do I know ?*
(2s)	**godhes**	**ny wodhes ta** *you don't know*	**a wodhes ta ?** *do you know ?*
(3sm)	**goer**	**ny woer ev** *he doesn't know*	**a woer ev ?** *does he know ?*
(3sf)	**goer**	**ny woer hi** *she doesn't know*	**a woer hi ?** *does she know ?*
(1p)	**godhon**	**ny wodhon ni** *we don't know*	**a wodhon ni ?** *do we know ?*
(2p)	**godhowgh**	**ny wodhowgh hwi** *you don't know*	**a wodhowgh hwi ?** *do you know ?*
(3p)	**godhons**	**ny wodhons i** *they don't know*	**a wodhons i ?** *do they know ?*

#101 NIVEROW *(numbers)*

onan	1	1a	kynsa		unnek	11	11ves	unnegves
dew*	2	2a	nessa		dewdhek	12	12ves	dewdhegves
tri*	3	3a	tressa		trydhek	13	13ves	trydhegves
peswar*	4	4a	peswara		peswardhek	14	14ves	peswardhegves
pymp	5	5es	pympes		pymthek	15	15ves	pymthegves
hwegh	6	6ves	hweghves		hwetek	16	16ves	hwetegves
seyth	7	7ves	seythves		seytek	17	17ves	seytegves
eth	8	8ves	ethves		etek	18	18ves	etegves
naw	9	9ves	nawves		nownsek	19	19ves	nownsegves
deg	10	10ves	degves		ugens	20	20ves	ugensves

*note: one as an adjective is **unn**. * these have feminine forms **diw**, **teyr** and **peder**. **Dew/diw** are followed by the second (soft) mutation (#11). **Tri/teyr** are followed by the third (breathed) mutation (#52)*

#102 *From 20 onwards Cornish counts in twenties.*

21 onan warn ugens	40 dew-ugens	60 tri-ugens
22 dew warn ugens	41 onan ha dew-ugens	66 hwegh ha tri-ugens
23 tri warn ugens	44 peswar ha dew-ugens	71 unnek ha tri-ugens
30 deg warn ugens	48 eth ha dew-ugens	77 seytek ha tri-ugens
31 unnek warn ugens	50 deg ha dew-ugens*	80 peswar-ugens
36 hwetek warn ugens	55 pymthek ha dew-ugens	90 deg ha peswar-ugens
39 nownsek warn ugens	59 nownsek ha dew-ugens	99 nownsek ha peswar-ugens

note: 50 also **hanterkans**; 100 **kans**; 1 000 **mil**; 1 000 000 **milvil**.*

#103 *Nouns following numbers in Cornish stay in the singular.*

deg bugh *ten cow(s)*
deg bugh warn ugens *thirty cows*
trydhek bugh ha peswar-ugens *ninety-three cows*
etek maw warn ugens *thirty-eight boys*
tri-ugens oy byghan *sixty small eggs*

PY LIES ? PES ? *(how many ?)*

Py lies bugh eus y'n park ?

Py lies hanaf eus war an voes ?

#104 OBER   Ensampel   Py lies lagas eus omma ?   Yma dew lagas omma

1. Py lies hanaf eus omma ?

2. Py lies bys eus omma ?

3. Py lies stamp eus omma ?

4. Py lies hwegynn eus omma ?

5. Py lies lyther eus omma ?

#105 OBER   *Write out the following numbers in full in Cornish:* twenty-eight; thirty-eight; forty-five; fifty-one; sixty; seventy; seventy-five; seventy-nine; eighty-two; eighty-four; eighty-seven; ninety; ninety-eight; five hundred; six hundred; ten thousand.

#106 PENN-BLOEDH LOWEN ! *(happy birthday !)*

Hedhyw yw penn-bloedh Yowann.
Pes bloedh yw ev ? Deg bloedh yw ev.
Hemm yw y dhegves penn-bloedh.

Penn-bloedh lowen dhiso jy
Penn-bloedh lowen dhiso jy
Penn-bloedh lowen Yowann ker
Penn-bloedh lowen dhiso jy

#107 A VEU *'was' (preterite/past tense of BOS):* . . . a veu genys . . . *(. . . was born . . .)*

Ow fenn-bloedh yw an trydhegves mis Meurth.
My a veu genys yn mil, naw kans hag ugens yn Porthia.

Pes bloedh yw ev ?
.. bloedh yw ev.

Hy fenn-bloedh yw an pympes warn ugens mis Gwynngala.
Hi a veu genys yn mil, naw kans, pymp ha peswar-ugens*.

Pes bloedh yw hi ?
.. bloedh yw hi.

Y benn-bloedh yw an kynsa mis Du.
Ev a veu genys yn mil, naw kans . . . . yn Logh.

Pes bloedh yw ev ?
Unnek bloedh yw ev.

Aga fenn-bloedh yw an unnegves warn ugens mis Genver.
I a veu genys yn mil, naw kans, etek ha peswar-ugens*.

Pes bloedh yns i ?
.. bloedh yns i.

#108 OBER *Write out in full in Cornish the year and date of birth of the people below.*

06/06/1930

17/12/1946

30/03/1967

25/10/1971

03/07/1980

01/08/1998*

PENN-BLOEDH

ow fenn-bloedh
dha benn-bloedh
y benn-bloedh
hy fenn-bloedh

agan penn-bloedh
agas penn-bloedh
aga fenn-bloedh

#109 MISYOW AN VLYDHEN
months of the year

mis Genver	mis Me	mis Gwynngala
mis Hwevrer	mis Metheven	mis Hedra
mis Meurth	mis Gortheren	mis Du
mis Ebryl	mis Est	mis Kevardhu

#110 DYDHYOW AN SEYTHUN
days of the week

dy' Sul	dy' Yow
dy' Lun	dy' Gwener
dy' Meurth	dy' Sadorn
dy' Mergher	

HA TY ?   'My a veu genys _____ ,   *(your birth date)*

y'n vlydhen _____ .   *(your year of birth)*

_____ bloedh ov vy.'   *(your age)*

---

*notenn: a different figure is given on the tape

#111 GERVA

eur *f o'clock*   **(peder eur** *4 o'clock)*
our *m hour* (duration)   **(peswar our** *4 hours time)*
euryor *m wristwatch*
klokk *m clock*
hanter *m half*
hanterdydh *m midday*
hanternos *f midnight*
mynysenn *f minute*

#112 PY EUR ? *(what time ?)*

Py eur yw hi ?	*What time is it ?*
Unn eur yw.	*It is one o'clock.*
Diw eur yw.	*It is two o'clock.*
Teyr eur yw.	*It is three o'clock.*
Peder eur yw.	*It is four o'clock.*
Pymp eur yw.	*It is five o'clock.*
Eth eur yw.	*It is eight o'clock.*
Unnek eur yw.	*It is eleven o'clock.*

#113

Py eur yw hi ?
Kwarter dhe
beder yw.
Py eur yw hi ?
Ugens (mynysenn)
dhe hwegh yw.

Py eur yw hi ?
Hanter wosa
diw yw.
Py eur yw hi ?
Pymp (mynysenn)
wosa teyr yw.

#114 GERVA   **poran** *exactly*
       ogas dhe *nearly*
       yntra *between*

#115 OBER   *1. It is half past seven.*   *4. It is twenty to three.*
     2. It is quarter to six.   *5. It is exactly five past ten.*
     3. It is almost five o'clock.

#116 GERVA

tren *m train*	**a-ugh** *above*	**kemmeres** *to take*
tokyn *m ticket*	**py le ?** *where ?*	**fistena** *to hurry*
gorsav *m station*	**res yw dhymm** *I must*	**mes mir !** *but look !*
tokynva *f ticket office*	**gwell yw dhis** *you'd better*	**fos** *f wall*

#117 KESKOWS   DHE'N GORSAV

Peder: Myttin da dhis, Jori. Py eur yw hi ? A wodhes ?
Jori: Na wonn. Nyns eus euryor genev. Mes mir ! Yma klokk orth an fos na.
Peder: Py le ? Ogh, ena, a-ugh an dokynva. Eth eur yw hi.
Jori: Nag yw. Kamm os ta.
Peder: Wel, ynter eth ha pymp wosa.
Jori: Nyns yw. Diw vynysenn poran wosa eth eur yw hi.
Peder: Da lowr, mar mynn'ta ! Res yw dhymm kemmeres tren dhe bymp
            mynysenn wosa eth. Ha res yw dhymm prena tokyn hwath !
Jori: Gwell yw dhis fistena, ytho !
Peder: Gwir ! Dha weles ytho, sos !

#118 DHE BY EUR ? *(At what time ?)*

Dhe by eur y fynn'ta dybri ?	**My a vynn dybri dhe hwegh eur.**	*(impersonal/nominal sentence)*
Dhe by eur y fynn'ta mos ?	**Dhe naw eur y fynnav mos.**	*(personal/verbal sentence)*

#119 *Note these expressions using* **BOS + GANS** *and* **BOS + DHE:**

Res yw dhymm mos.	**Gwell yw dhymm mos.**	**Da yw genev mos.**	**Gwell yw genev mos.**
I must go.	*I'd better go.*	*I like to go.*	*I prefer to go.*

Learn these well and make up your own examples by replacing **MOS** with other verbs and **DHYMM** and **GENEV**
with other persons *(see #47 and #88)* e.g. **gwell yw dhedhi fistena; da yw gansa neuvya.**

#120 GERVA

difuna *to wake up*	**bryjys** *boiled*	**dowr** *m water*
difunell *f alarm clock*	**hansel** *m breakfast*	**boesti** *m café*
seni *to ring, sound*	**oy** *m egg*	**askloes** *p chips*
omwiska *to get dressed*	**gasa** *to leave* **(ow kasa)**	**pubonan** *everyone*
lavrek *m trousers*	**kemmeres** *to take*	**dehweles** *to return*
omwolghi *to wash oneself*	**kesva** *f board (body)*	**kyttrin** *m bus*
glanhe *to clean*	**yskynna** *to ascend, go up,*	**nowodhow** *p news*
dens *p teeth*	*get on (bus etc.)*	**soedhva** *f office*

#121 REDYANS

1.

2.

UNN JYDH GANS TAMSIN

1.   Ottomma Tamsin yn hy gweli. Ha, py eur yw ? Seyth eur myttin yw. Yma Tamsin ow tifuna ha sevel. Eus klokk dhedhi ? Eus, yma difunell war an amari ryb hy gweli. Yma an dhifunell ow seni.

2.   Lemmyn, kwarter wosa seyth yw. Pyth usi Tamsin ow kul ? Yma hi owth omwiska. Yma lavrek du ha krys gwynn dhedhi.

3.

4.

3.   Py eur yw lemmyn ? Hanter wosa seyth yw. Wosa omwolghi, yma Tamsin ow klanhe hy dens. Ha ple'ma hi ? Yma hi y'n stevell-omwolghi.

4.   Ottomma Tamsin ow tybri hy hansel. Pyth usi hi ow tybri rag hansel ? Yma hi ow tybri oy. Oy bryjys yw. Da yw gensi dybri oy bryjys. Yma an oy yn hanaf-oy. Ha py eur yw ? Kwarter dhe eth yw.

5.   Wosa dybri hy hansel ha gasa an chi, res yw dhedhi kemmeres an kyttrin rag mos dh'y soedhva y'n dre. Pyth usi Tamsin ow kul lemmyn ? Yma hi owth yskynna y'n kyttrin.

5.

6.

6.   Naw eur myttin yw. Ple'ma Tamsin ? Yma hi y'n dre. Yma hi ow mos yn hy soedhva. Soedhva an Gesva Dowr yw.

7.   Ha lemmyn py eur yw ? Deg eur yw. Yma Tamsin owth oberi. Yma hi ow skrifa lyther. Eus pellgowser war hy desk ? Eus.

7.

8.

8.   Hanter wosa dewdhek yw an eur lemmyn. Tamsin a vynn dybri. Hi a yll dybri yn boesti an soedhva. Yma hi ena ow tybri pysk hag askloes. Da yw gensi dybri pysk. Yma hanaf a goffi dhedhi ynwedh.

9.   Lemmyn dhe bymp eur dohajydh yma pubonan ow kasa an soedhva kyns dehweles dhe dre. Res yw dhe Damsin kemmeres an kyttrin arta.

9.

10.

10.   Skwith fest yw Tamsin wosa dos tre. Pyth usi hi ow kul ? Yma hi yn hy esedhva ow mires orth an bellwolok. Deg eur gorthugher yw. Yma hi ow mires orth an nowodhow kyns mos yn gweli.

#122 Imperatives: these are commands or instructions or requests, such as *'go away'*, or *'sit down'* or *'close the door'*. There are singular and plural forms in Cornish for speaking to one person or more than one person.

Verb noun	English	Singular	Plural	Examples (all in singular form)
bos	*to be*	bydh	bedhewgh	**Bydh da, mar pleg !** *(Be good, please !)*
gul	*to do, make*	gwra	gwrewgh	**Gwra dell lavarav !** *(Do as I say !)*
dos	*to come*	deus	dewgh	**Deus omma !** *(Come here !)*
mos	*to go*	ke	kewgh	**Ke dhe-ves !** *(Go away !)*
ri	*to give*	ro	rewgh	**Ro dhymm ow lyver !** *(Give me my book !)*
sevel	*to stand*	sav	sevewgh	**Sav yn-bann !** *(Stand up !)*
esedha	*to sit*	esedh	esedhewgh	**Esedh orth an voes !** *(Sit at the table !)*
igeri	*to open*	igor	igerewgh	**Igor an fenester !** *(Open the window !)*
degea	*to close*	dege	degeewgh	**Dege an daras !** *(Close the door !)*
kemmeres	*to take*	kemmer	kemmerewgh	**Kemmer an bluvenn ma !** *(Take this pen !)*
skrifa	*to write*	skrif	skrifewgh	**Skrif dha hanow !** *(Write your name !)*
gorra	*to put*	gorr	gorrewgh	**Gorr an bara y'n amari !** *(Put the bread in the cupboard !)*
ystynna	*to pass*	ystynn	ystynnewgh	**Ystynn dhymm an hoelan !** *(Pass me the salt !)*

#123 Negative forms start with the particle **NA** which causes a soft mutation (see #11).

Na vydh gokki !	**Na wra henna !**	**Na esedhewgh !**	**Na ge !**
Don't be silly !	*Don't do that !*	*Don't sit* (p) *!*	*Don't go !*

#124 GERVA

eskisyow *p shoes*	**distowgh** *immediately*	**dell lavarav** *as I say*
bolla *m bowl*	**wor'tiwedh** *at last*	**dell hevel** *so it seems*
kowl *m soup*	**kyns** *before*	**gorr ev !** *put him/it* (m) *!*
hoelan *m salt*	**a-wosa** *afterwards*	**gorr hi !** *put her/ it* (f) *!*
kornell *f corner*	**diwiska** *to take off clothes*	**gorr i !** *put them !*

#125 KESKOWS

Tas:	**Deus omma, Jenifer ! Deus omma distowgh !**
Myrgh:	**Ny vynnav dos, tasik. My a vynn gortos omma y'n lowarth.**
Tas:	**Bydh da, mar pleg, ha gwra dell lavarav !**
Myrgh:	**Da lowr, yth esov vy ow tos lemmyn. Igor daras an gegin, mar pleg.**
Tas:	**Diwisk dha eskisyow plos kyns dos y'n gegin ! Lemmyn, Jenifer, kemmer an kowl ma dhe vamm. Yma hi y'n stevell-dhybri.**
Myrgh:	**My a vynn dybri ynwedh ! Yma nown bras dhymm ! Ple'ma ow bolla, ytho ?**
Tas:	**Ke dhe'n stevell-dhybri, esedh ryb dha vamm ha bydh kosel !**
Mamm:	**Kowl toemm ! Wor'tiwedh. Deus omma, Jenifer, hag esedh war an gador ma. Ystynn dhymm an hoelan mar pleg ! Ha ty, a ny vynn'ta dybri ?**
Myrgh:	**Mynnav, sur, mes dell hevel res yw dhymm gortos !**

#126 OBER *Translate.*

1. *Come here at once !*
2. *Close the window ! It's cold !*
3. *Write a letter to him, then !*
4. *Pass me my cup, please !*
5. *Sit in that corner and be quiet !*

#127 DHE'N KI

1. Esedh !
2. Gorwedh !
3. Sav yn-bann !
4. Kyrgh ev !
5. KI DA !

#128 GUL *(to do, to make)* is the most commonly used auxiliary verb in Cornish. It is irregular in its conjugation. It is also used to make future tenses. The impersonal forms used in nominal sentences are:

	subject +	**a wra** +	another verb	meaning	future meaning
(1s)	**my**	a wra	**dos**	*I come/I do come*	*I shall come*
(2s)	**ty**	a wra	**gweles**	*you see/you do see*	*you will see*
(3sm)	**ev**	a wra	**klywes**	*he hears/ he does hear*	*he will hear*
(3sf)	**hi**	a wra	**dybri**	*she eats/she does eat*	*she will eat*
(1p)	**ni**	a wra	**gweres**	*we help/we do help*	*we shall help*
(2p)	**hwi**	a wra	**leverel**	*you say/you do say*	*you will say*
(3p)	**i**	a wra	**mos**	*they go/they do go*	*they will go*

#129 Personal forms of **GUL** for verbal sentences are as follows. Remember that these must be used in negative sentences and questions (verbal sentences).

	unmutated	negative		question	
(1s)	**gwrav**	**ny wrav vy**	*I don't/shan't*	**a wrav vy ?**	*do I ? shall I ?*
(2s)	**gwredh**	**ny wredh ta***	*you don't/won't*	**a wredh ta*?**	*do you ? will you ?*
(3sm)	**gwra**	**ny wra ev**	*he doesn't/won't*	**a wra ev ?**	*does he ? will he ?*
(3sf)	**gwra**	**ny wra hi**	*she doesn't/won't*	**a wra hi ?**	*does she ? will she ?*
(1p)	**gwren**	**ny wren ni**	*we don't/shan't*	**a wren ni ?**	*do we ? will we ?*
(2p)	**gwrewgh**	**ny wrewgh hwi**	*you don't/won't*	**a wrewgh hwi ?**	*do you ? will you ?*
(3s)	**gwrons**	**ny wrons i**	*they don't/won't*	**a wrons i ?**	*do they ? will they ?*

*these forms usually contract in speech and writing to **ny wre'ta** and **a wre'ta**

e.g. **A wre'ta kana ?** *(Do you sing ?)* **Gwrav, my a wra kana** *(Yes, I (do) sing)*
      A wre'ta donsya ? *(Do you dance ?)* **Na wrav, ny wrav vy donsya** *(No, I don't dance)*

#130 Note also these usages:

Pub seythun, my a wra mos dhe'n dre *(Every week I (do) go to town)*   [HABITUAL ACTION = **GUL** +
Pub dydh, my a wra eva hanaf a leth *(Every day I (do) drink a cup of milk)*   another verb noun]

Yth esov vy ow mos dhe'n dre *(I am going to town)*   [CONTEMPORARY ACTION =
Yth esov vy owth eva hanaf a leth *(I am drinking a cup of milk)*   **BOS** (long) + present participle]

Make up some examples of your own using this pattern. Vary the person (I, you, he, she etc.) and the verbs

#131 GERVA   **dhe'n dre** *to town*; **dhe Gernow** *to Cornwall*; **koffi** *coffee*; **megi** *to smoke*.

#132 PUB *(each, every)*

pub dydh every day; **pub seythun** *every week*; **pub hav** *every summer*; **pup-prys** *every time, always*.

#133 OBER *Translate the following using personal/nominal or impersonal/verbal forms as appropriate:*

1. We go to town every week.
2. He comes to Cornwall every summer.
3. Do you drink tea or coffee ?
4. They go to school every day.
5. I do not smoke, thank you.

Do some more examples of your own

#134 GERVA

hanaf *m cup*	gokki *stupid*	kara *to like, love*	ple ? *where ?*
te *m tea*	gwell ages *better than*	leverel *to say*	prag y ? *why ?*
dowr *m water*	kamm *wrong*	hwerthin *to laugh*	yndella *thus, so*
lavar *saying*	broder *m brother*	maga *to feed, rear*	tus *p people*

#135 KESKOWS (yntra dew vroder)

Mighal:	An hanaf ma yw leun a de yeyn ! Piw a wra eva te yeyn y'n chi ma ?
Peder:	An te na yw dhymm. Ow the yw. My a wra eva te yeyn.
Mighal:	Eva te yeyn a wre'ta ? Prag y hwre'ta yndella ?
Peder:	An lyver ma a wra leverel : 'Te yeyn yw gwell ages dowr.'
Mighal:	Henn yw lavar gokki. Ro dhymm an lyver mar pleg.
Peder:	Prag y hwre'ta hwerthin ? Yw an lyver kamm ?
Mighal:	Nag yw, nyns yw an lyver kamm. Mes ty, ow broder byghan, ty yw kamm.
Peder:	Prag ?
Mighal:	Hanow an lyver ma yw 'Aspidistras ha'ga maga' ! I a wra kara te yeyn. Mes ni, ny wren ni eva henna. Ass os ta gokki !

#136 PLE ? *(where ?),* **PRAG Y ?** *(why ?) and* **P'EUR** *(when ?) are all followed by the fifth (mixed) mutation. This will change the first letter of a word as follows:*

initial letter:	B	D	G	GW	M	
after mixed mutation:	**F**	**T**	**H**	**HW**	**F**	ensamplow:

Ple hallav (gallav) prena keus ?
Where can I buy cheese ?

Prag y fynnons (mynnons) mos ?
Why do they want to go ?

P'eur hwra (gwra) ev dos ?
When will he come ?

#137 The particle **Y,** as just shown, takes this fifth mutation. This can be used to make verbal sentences using personal forms of the verb but it should not usually start a sentence; rather it will follow on from a phrase, as in the examples below:

Hedhyw, y fynnav vy golghi an karr.	*Today I want to wash the car.*
Dhe'n dre y fynnons i mos.	*To town they want to go.*
War an treth y hyllyn ni gweles skath.	*On the beach we can see a boat.*
Dhe seyth eur y hwra hi dybri.	*At seven o'clock she eats.*

#138 DHE'N DRE *Look at the following uses.*

Ple hwre'ta mos rag prena bara ? *(Where do you go to buy bread ?)*

My a wra mos dhe'n popti rag prena bara.	(nominal sentence, impersonal verb)
Dhe'n popti y hwrav vy mos rag prena bara.	(verbal sentence, personal verb)

Prag y hwre'ta mos dhe'n kikti ? *(Why do you go to the butcher's ?)*

My a wra mos dhe'n kikti rag prena kig.	(nominal sentence, impersonal verb)
Rag prena kig y hwrav vy mos dhe'n kikti.	(verbal sentence, personal verb)

P'eur hwre'ta mos dhe'n dre ? *(When do you go to town ?)*

My a wra mos dhe'n dre pub Sadorn.	(nominal sentence, impersonal verb)
Pub Sadorn y hwrav vy mos dhe'n dre.	(verbal sentence, personal verb)

In each example the second answer is preferable, as this stresses the answer required to *'where ?', 'why ?'* and *'when ?'*. Such subtleties of usage and word order are an important aspect of Cornish but for the present you should use the form with which you feel most comfortable.

#139 GERVA

a-vorow *tomorrow*	**tyli** *to pay*	**lostenn** *f skirt*
soweth *unfortunately*	**losow-kegin** *p vegetables*	**ow kwertha** *selling* (from **gwertha**)
hwoer *f sister*	**spiser** *m grocer*	**dillas** *p clothes*
hanterdydh *m midday*	**spisti** *m grocer's shop*	**pris isel** *low price*
kyttrin *m bus*	**(hag) usi** *which is*	**krowshyns** *m crossroads*
karr *m car*	**a-dal** *opposite*	**yn hwir** *really*
kerri *p cars*	**eglos** *f church*	**lyverva** *f library*
gasa *to leave*	**gwerthji** *m shop*	**daskorr** *to give/take back, return*
a-dryv *behind*	**my a gar** *I like*	**gelwel** *to call*
arghantti *m bank*	**gwerther** *m salesman*	**hel an dre** *town hall*
tollow-dowr *water rates*	**ogas dhe** *near to*	**boesti** *m café*
dell glywav *so I hear*	**korev** *m beer*	**pastes** *m pie*
rewell *f freezer*	**dy'goelyow** *p holidays*	**lenwel** *to fill*
Lew Rudh *Red Lion*	**metya (gans)** *to meet*	**Stret an Varghas** *Market Street*

#140 REDYANS   Y'N DRE

Mestres Penntreth: A vynn'ta mos genev dhe'n dre a-vorow ?

Mestres Trewynn: Soweth, ny allav vy mos. Res yw dhymm mos dhe weles ow hwoer. P'eur hwre'ta mos ?

Mestres Penntreth: My a wra mos kyns hanterdydh.

Mestres Trewynn: Y'n kyttrin a wre'ta mos ?

Mestres Penntreth: Na wrav. My a wra mos y'n karr. Gwell yw genev mos y'n karr. My a wra gasa an karr y'n park-kerri a-dryv an arghantti. Pup-prys yma spas ena.

Mestres Trewynn: Pandr'a wre'ta prena ytho ?

Mestres Penntreth: My a vynn prena losow-kegin y'n spisti. My a wra mos dhe'n spisti usi a-dal an eglos. Byghan yw an gwerthji na mes my a gar an spiser. Wosa henna, my a vynn prena lostenn nowydh. Dell glywav, ymons i ow kwertha dillas orth pris isel y'n gwerthji ryb an krowshyns. Nyns eus arghans lowr dhymm yn hwir, mes ny vern !

Mestres Trewynn: A wre'ta mos ogas dhe'n lyverva ? Yma genev dew lyver a'n lyverva. Res yw dhymm daskorr an lyvrow kyns dy' Yow. A yll'ta mos ena ?

Mestres Penntreth: Gallav, sur. My a yll mos dhe'n lyverva. Res yw dhymm gelwel orth hel an dre rag tyli an tollow-dowr. Yma an lyverva pur ogas dhe hel an dre.

Mestres Trewynn: Ple hwre'ta dybri, ytho ? Y'n boesti nowydh yn Stret an Varghas ? Dell glywav, boesti da yw henna.

Mestres Penntreth: Ny vynnav dybri ena. Gwell yw genev kavoes gwedrenn a gorev ha pastes y'n Lew Rudh. Ha wosa henna, res yw dhymm mos dhe'n kikti rag prena kig. My a vynn lenwel an rewell kyns an dy'goelyow. Hag ena, kyns mos tre, my a wra metya gans ow myrgh ryb hy soedhva.

As a follow-up to this reading, try to write a simple conversation along the same lines; you can take sentences from the passage above and change some of the vocabulary to suit your needs. Do not make the conversation too complicated but stick to known patterns of language.

Another useful way of testing your Cornish is to translate some sentences or a passage into English and then try to translate back into Cornish without looking at the original, except to check your final version.

#141 OBER *By using the word list at the back of this book (pages 55 to 59), identify each of the buildings marked on the map below. Do the same for the list of shopping items. Write the name of each item by the appropriate building. Add some more of your own if you want. Make up some questions like those in #138. Draw a map of your local shops in Cornish.*

kentrow; dyenn; kador-vregh; gwin; selsik; stampow; kota; forn; lodrigow; avalow; lostenn; tesennow; arghans; leth; bara; pellwolok; morthol; oyow; rewer; kowligow; kig; lyver; lavrek; eskisyow.

#142 DASWEL *(revision)* **GOVYNNADOW** *(questions about the map below - don't look at the answers !)*

Ple'ma an eglos ?	Ryb an lyverva yma an eglos.
Ple'ma an park-kerri ?	A-dryv an karrji yma an park-kerri.
Ple'ma an lyverji ?	A-dal an gwerthji mebyl yma an lyverji.
Ple'ma an kikti ?	A-rag an park-kerri yma an kikti.
Ple'ma an fordh-a-dro ?	Yn Stret an Varghas yma an fordh-a-dro.
Usi an horner ryb an boesti ?	Usi, yma an horner ryb an boesti.
Usi an spiser a-dal an eglos ?	Usi, yma an spiser a-dal an eglos.
Usi an le'ti a-dryv an popti ?	Nag usi, nyns usi an le'ti a-dryv an popti.
Usi an golowys *(lights)* ogas dhe'n karrji ?	Nag usi, nyns usi an golowys ogas dhe'n karrji.
Eus gwerthji mebyl y'n dre ?	Eus, yma gwerthji mebyl y'n dre.
Eus boesti y'n dre ?	Eus, yma boesti y'n dre.
Eus ostel *(hotel)* y'n dre ?	Nag eus, nyns eus ostel y'n dre.
Eus kresenn sport *(sports centre)* y'n dre ?	Nag eus, nyns eus kresenn sport y'n dre.

MAPPA KRES AN DRE
(Map of the town centre)

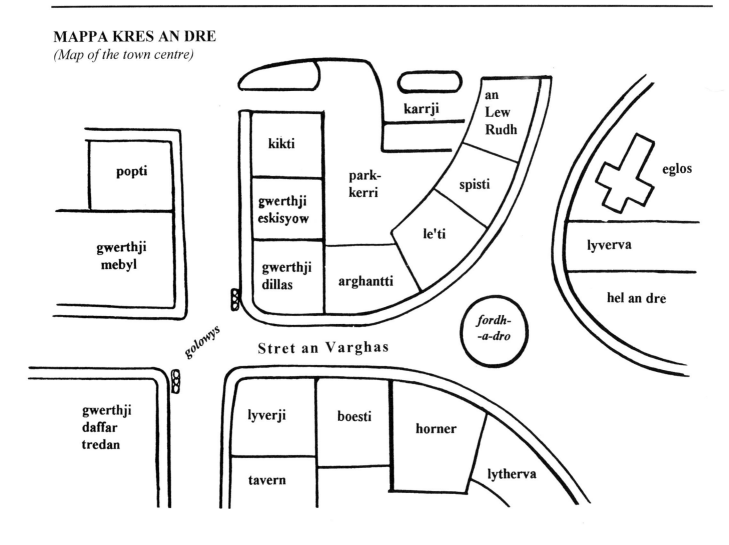

#143 Nominal sentences and the impersonal use of verbs: as we have seen with **MYNNES, GALLOES** and **GUL**, Cornish verbs can be used impersonally in the sense that the verb ending does not change according to the person *(I, you, he, she etc)*; this person (the *subject*) comes before the verb. Impersonal use is with:

        a) all nouns, both singular and plural;

        b) with pronouns *(I, you, he, she, it, we, you, they)* in statements (but not in negatives or questions).

#144 Rules for impersonal usage (in nominal sentences).

    a) with nouns:
        1. statements: the noun precedes the verb e.g **an ki a wel** *(the dog sees)*;
        2. negatives: the verb precedes the noun e.g. **ny wel an ki** *(the dog doesn't see)*;
        3. questions: the verb precedes the noun: e.g. **a wel an ki ?** *(does the dog see)*.

    b) with pronouns:
        1. the pronoun *(I, you, he, she, etc.)* always precedes the verb: e.g **my a wel** *(I see)* ;
        2. the particle **A** is used, causing a soft mutation. (**A** is *not* used before vowels in the verbs **BOS** and **MOS**);
        3. the third person singular form *(he/she/it)* of the verb is used (usually the *stem)*;
        4. the impersonal form *cannot* be used in negatives or questions.

#145 Most Cornish verbs (the infinitive, verbal noun or 'dictionary' form) consist of a *stem* with an *ending*. Some common endings with the stem shown in brackets are:

-A	e.g.	**kara (kar);** *to like*	**gasa (gas);** *to leave*	**prena (pren);** *to buy, pay for*	**gorra (gorr);** *to put*
-ES	e.g.	**gweles (gwel);** *to see*	**klywes (klyw);** *to hear*	**mires (mir);** *to look*	**mynnes (mynn);** *to want*
-OES	e.g.	**galloes (gyll);** *to be able*	**kavoes (kyv);** *to find, get*		
-YA	e.g.	**redya (red);** *to read*	**poenya (poen);** *to run*	**donsya (dons);** *to dance*	
-I	e.g.	**golghi (golgh);** *to wash*	**pareusi (pareus);** *to prepare*		
-EL	e.g.	**leverel (lever);** *to say*	**kewsel (kews);** *to speak*		

#146 Impersonal use of such verbs is made by (**1**) *subject* + (**2**) *particle* **A** with soft mutation + (**3**) *stem* e.g.,

verb	stem	example	meaning
mynnes	**mynn (a vynn)**	**ni a vynn**	*we want*
kana	**kan (a gan)**	**hi a gan**	*she sings*
klywes	**klyw (a glyw)**	**ev a glyw**	*he hears*
prena	**pren (a bren)**	**my a bren**	*I buy*
pareusi	**pareus (a bareus)**	**i a bareus**	*they prepare*
kemmeres	**kemmer (a gemmer)**	**hwi a gemmer**	*you (p) take*
difuna	**difun (a dhifun)**	**ty a dhifun**	*you (s) wake up*
yskynna	**yskynn (a yskynn)**	**Jori a yskynn**	*George goes up*
klappya	**klapp (a glapp)**	**Maria a glapp**	*Mary chatters*
splanna	**splann (a splann)**	**an howl a splann**	*the sun shines*

> 1. Try to put some of these into full sentences;
> 2. Try some of your own with other verbs you have met.
> (For a check list see appendix 2, pages 52-53, column 3.

#147 *Some verbs are already stems.*

govynn	**govynn (a wovynn)**	**ty a wovynn**	*you ask*	
dalleth	**dalleth (a dhalleth)**	**i a dhalleth**	*they start*	Make a list of others
aswonn	**aswonn (a aswonn)**	**hi a aswonn**	*she knows*	from pages 52-3

#148 *Some verbs need an extra syllable (often with an internal vowel change too).*

verb	stem	example	meaning
dybri	debr (a dheber)	ev a dheber	*he eats*
lenwel	lanw (a lenow)	i a lenow	*they fill*

#149 *A few verbs are irregular.*

verb	stem	example	meaning
dos	deu (a dheu)	ni a dheu	*we come*
dri	dre (a dhre)	hi a dhre	*she brings*
doen	deg (a dheg)	hwi a dheg	*you* (p) *carry*
godhvos		my a woer	*I know*

#150 **BOS** *and* **MOS** *are irregular and in their tenses beginning with a vowel are not preceded by the* **A** *particle.*

verb	(no stem)	example	meaning
bos		ty yw	*you are* (short form only)
mos		i a	*they go*

#151 GERVA

edhen *f bird*	yn hweg *sweetly*	bara *m bread*	y'n dre *in town*
kelorn *m bucket*	marghas *f market*	pel *f ball*	hanow *m name*

#152 OBER *Translate into Cornish and then try to make some similar statements of your own.*

1. John and Mary see a boat.
2. She hears a bird in a tree.
3. The bird sings sweetly.
4. I wake up at seven o'clock.
5. We buy bread in town.
6. They fill the bucket.
7. He goes to the market.
8. She begins her work.
9. The dog brings the ball.
10. He writes his name.

#153 GERVA

haneth *tonight*	mires orth *to look at, watch*	plasenn *f record, disc*
lev *m voice*	goslowes orth *to listen to*	stret *m street*
martesen *perhaps*	dh'y weles *to see him*	dons *m dance*
yn-mes *out*	herwydh usadow *usually*	lemmyn *now*
gyllys *gone*	towlenn *f programme*	yn kres *in peace*
klappya *to chatter*	penn dhe benn *end to end*	heb diwedh *without end*

#154 KESKOWS (yntra diw hwoer)

Maria: **Pyth eus y'n bellwolok haneth, Jenifer ?**

Jenifer: **Ny wonn. Ny vynnav vy mires orth an bellwolok haneth. My a vynn goslowes orth an blasenn nowydh ma.**

Maria: **Ogh ! My a yll klywes lev Peder ! Yma ev y'n stret. My a dh'y weles. Martesen ni a yll mos dhe'n dons haneth.** *[Maria a yn-mes]*

Jenifer: **Henn yw gwell. Gyllys yw hi. Lemmyn my a yll mires orth ow gwella towlenn y'n bellwolok ! Nyns yw da an dowlenn na gans Maria. Herwydh usadow, hi a glapp heb diwedh penn dhe benn. Mes haneth, my a yll mires yn kres !**

#155 GERVA

goelya *to sail*	**goel** *m sail*	**serri orth** *to get angry with*
skath-woelya *f sailing boat*	**heyl** *m estuary*	**tu** *m direction*
pennseythun *f weekend*	**howl** *m sun*	**yn tawesek** *in silence*
hav *m summer*	**tenna** *to pull*	**sywya** *to follow*
synsi *to hold*	**gwyns** *m wind*	**drehedhes** *to reach*
lyw *m rudder*	**lestri** *p vessels*	**treylya** *to turn*
kowethes *f friend*	**tremena** *to pass*	**kres** *m middle*
bos unnver *to be agreed*	**lovan** *f rope*	**kay** *m quay*
war-tu ha *towards*	**pareusi** *to prepare*	**doen** *to carry*
omri *to concentrate*	**lenwel** *to fill*	**plegya** *to fold*
a'y anvodh *reluctantly*	**breus** *m opinion*	**hoelan** *m salt*
salow *safe*	**diwvregh** *(two)arms*	**avon** *f river*
tamm ha tamm *gradually*		

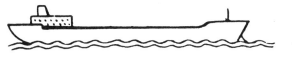

gorhel-oyl

skath-revya

skath-sawya

kok

skath-woelya

skath-tan

#156 REDYANS   MARIA HA PEDER OW KOELYA

Peder a gar goelya. Yma dhodho skath-woelya vyghan ha pub pennseythun y'n hav, da yw ganso synsi an lyw ha gasa an tir. Unn Sadorn, Peder a wovynn orth y gowethes, Maria, dhe dhos ganso. Hi yw unnver ha dhe hanterdydh Peder ha Maria a war-tu ha'n porth; Peder yw lowen mes Maria a a'y anvodh.

Wosa pareusi goelyow an skath, i a bys yn heyl an avon. Yma an howl ow splanna dres an dowr, mes nebes yeyn yw an gwyns. Yma meur a lestri ow mos ha dos an Sadorn ma, ha lies kok a dremen skath Peder.

'A yll'ta gweles Penndinas ?' a wovynn Maria.

'Res yw dhis omri dhe'n ober goelya,' a worthyb Peder. 'Tenn orth an lovan na rag lenwel an goel !'

'Na wra serri orthiv, Peder. Ny wrug vy goelya kyns, na gweles Penndinas a'n tu ma !'

Pell i a woel yn tawesek, ow sywya hyns ewn kyns treylya ha dehweles war-tu ha'n porth.

'Yeyn ov vy,' a grodhvol Maria. 'P'eur hwren ni drehedhes an porth arta ?'

'Bydh kosel, ny vydh pell,' a worthyb hy howeth.

I a dremen an gorholyon-oyl usi orth ankor yn kres an avon, ha tamm ha tamm i a dheu yn ogas dhe'n porth.

'My a yll gweles ow broder ow kortos war an kay,' yn-medh Maria. 'My a vynn mos tre ha lamma yn kibell doemm !'

'Res yw dhyn golghi an skath kyns henna, ha plegya an goelyow, ha tenna an skath war an treth, ha doen an goelyow . . .'

'Ogh, bryntin yw ! A wre'ta gelwel hemma sport ? Ny vynnav vy goelya arta. Ty yw gokki, dhe'm breus vy. Yeyn ha glyb ov vy . . . ow gols yw leun a hoelan . . . skwith yw ow diwvregh ! Gwell yw genev gortos war an tir - sygh ha toemm ha salow !'

#157 Impersonal use of verbs (nominal sentences) in the past (preterite tense): the same rules apply for impersonal tenses in the past as in the present (see rules in **#143** and **#144**). The past tense is marked by adding the ending -AS to the stem (often corresponding to -*ED* in English), e.g.

my a vynn	>	**my a vynn***as*		**ev a vir**	>	**ev a vir***as*
I want		I want*ed*		he looks		he look*ed*

Here is a list of some examples which were given in **#146** in their past form. Look back to compare them. Make them into sentences (some are done for you).

verb	stem	example	meaning	sentence
mynnes	**mynn**	**ni a vynnas**	*we wanted*	**Ni a vynnas dybri keus ha bara y'n diwotti.**
kara	**kar**	**hi a garas**	*she liked/loved*	
klywes	**klyw**	**ev a glywas**	*he heard*	**Ev a glywas an gwyns y'n gwydh y'n nos.**
prena	**pren**	**my a brenas**	*I bought*	**De, my a brenas lyver nowydh**
kemmeres	**kemmer**	**hwi a gemmeras**	*you took*	
difuna	**difun**	**ty a dhifunas**	*you woke up*	
yskynna	**yskynn**	**Jori a yskynnas**	*George got on*	**Jori a yskynnas an tren y'n gorsav.**
splanna	**splann**	**an howl a splannas**	*the sun shone*	

#158 Verbs with an ending of -**YA** retain the **Y** in the past:

klappya	**klapp**	**hi a glappyas**	*she chattered*	
redya	**red**	**i a redyas**	*they read*	**Hedhyw, i a redyas an nowodhow drog**

#159 A few verbs have a past ending in -**IS**; these include all verbs ending in -**EL**; some others met so far are shown below (a fuller list is given in appendix 2 on pages 52-53):

lenwel	**lanw**	**hi a lenwis**	*she filled*	**Hi a lenwis an kelorn a dhowr yeyn.**
leverel	**lever**	**ty a leveris**	*you said*	
dybri	**debr**	**ev a dhybris**	*he ate*	**Ev a dhybris tri fasti nyhewer!**
gorthybi	**gorthyb**	**i a worthybis**	*they replied*	
pareusi	**pareus**	**hwi a bareusis**	*you prepared*	

#160 Irregular verbs include:

dos	**ni a dheuth**	*we came*	
dri	**hi a dhros**	*she brought*	
doen	**hwi a dhug**	*you carried*	**Hwi a dhug an baner yn ta!**
gul	**ev a wrug**	*he did*	
bos	**ev a veu**	*he was* (action)	**Ev a veu genys yn Lannstefan.**
bos	**ev o***	*he was* (state)	
mos	**my eth***	*I went*	

* no **A** particle

To practise the past tenses of these and other verbs:

a) go back to the exercise **#152** and put the same sentences in the past;

c) go back to the reading **#156** and rewrite it in the past tense, but note that the conversation in inverted commas stays as it is. The parts of **BOS** which occur in the passage are **YW** and **YMA**; these should be replaced by **O** and **YTH ESA** respectively as will be explained in **#176**.

#161 The past (preterite) of **GUL** *(to do, to make)*. This can also be used to make past tenses as shown below, using the impersonal forms (in nominal sentences).

	subject +	**a wrug**	+	another verb	Meaning
(1s)	**my**	**a wrug**		**koska**	*I did sleep/I slept*
(2s)	**ty**	**a wrug**		**gweres**	*you did help/you helped*
(3sm)	**ev**	**a wrug**		**goelya**	*he did sail/he sailed*
(3sf)	**hi**	**a wrug**		**hwerthin**	*she did laugh/laughed*
(1p)	**ni**	**a wrug**		**leverel**	*we did say/we said*
(2p)	**hwi**	**a wrug**		**gortos**	*you did wait/you waited*
(3p)	**i**	**a wrug**		**neuvya**	*they did swim/they swam*

#162 The personal past forms of **GUL** for verbal sentences are shown below.

	unmutated	negative	questions
(1s)	**gwrug**	**ny wrug vy** *I did not*	**a wrug vy ?** *did I ?*
(2s)	**gwrussys**	**ny wrussys ta*** *you did not*	**a wrussys ta ?*** *did you ?*
(3sm)	**gwrug**	**ny wrug ev** *he did not*	**a wrug ev ?** *did he ?*
(3sf)	**gwrug**	**ny wrug hi** *she did not*	**a wrug hi ?** *did she ?*
(1p)	**gwrussyn**	**ny wrussyn ni** *we did not*	**a wrussyn ni ?** *did we ?*
(2p)	**gwrussowgh**	**ny wrussowgh hwi** *you did not*	**a wrussowgh hwi ?** *did you ?*
(3p)	**gwrussons**	**ny wrussons i** *they did not*	**a wrussons i ?** *did they ?*

*usually contracted to **ny wruss'ta** and **a wruss'ta ?**

#163 The following examples show how past tenses can be made using **GUL** plus another verbal noun or by using the past tense of that verb itself. At this stage either of these two forms can be used.

1. **Hi a wrug neuvya dhe'n treth.** *(She did swim . . .)*   **Hi a neuvyas dhe'n treth** *(She swam . . .)*
2. **Ni a wrug gweles lies skath.** *(We did see . . .)*   **Ni a welas lies skath.** *(We saw . . .)*
3. **My a wrug dybri pasti bras.** *(I did eat . . .)*   **My a dhybris pasti bras.** *(I ate . . .)*
4. **I a wrug dalleth an ober.** *(They did start . . .)*   **I a dhallathas an ober.** *(They started . . .)*
5. **Ty a wrug prena lostenn nowydh.** *(You did buy . . .)*   **Ty a brenas lostenn nowydh.** *(You bought . . .)*

#164 The personal forms of **GUL** in verbal sentences can be used to make each of these sentences negative or questions, e.g.   She didn't swim to the beach.   **Ny wrug hi neuvya dhe'n treth.**

           Did we see many boats ?   **A wrussyn ni gweles lies skath ?**

#165 OBER   Put each of the sentences in **#163** in negative and question form, using the personal past form of **GUL** and another verb.

> **Make up some more of your own examples using this patterns**

#166 As before, answers to questions are made by repeating the appropriate form of the verb, unmutated if the answer is *'yes'* or with the particle **NA** followed by a soft mutation if it is *'no'*.

A wrug ev gweles an fylm ?	**Gwrug, ev a welas (a wrug gweles) an fylm.**
A wrussons i dos ?	**Na wrussons, ny wrussons i dos.**
A wrussyn ni difuna ?	**Gwrussyn, ni a dhifunas (a wrug difuna).**
A wruss'ta gweres ?	**Na wrug, ny wrug vy gweres.**

#167 GERVA	tesenn *f*	y'n tren	alhwedh *m*	palas	chapel *m*	kelli
	cake	*by train*	*key*	*to dig*	*chapel*	*to lose*

#168 OBER *Using the pattern in* **#166**, *translate the following into Cornish. Then give a suitable 'yes' or 'no' answer.*

1. *Did she eat the cake ?*
2. *Did they go by train ?*
3. *Did you lose the key ?*

4. *Did he dig the garden ?*
5. *Did they sing in chapel ?*

Add some of your own examples

#169 *The same sort of questions can be asked using the past tense of* **GUL** *as those in* **#136** *and* **#138**. *Below are some examples using the 'I' and 'you' forms. Using other items, days, places, practise these patterns. When you feel confident go on to use the same ideas with the 'he', 'she', 'we' and 'they' forms with* **GUL**.

Ple hwruss'ta mos hedhyw ?	My a wrug mos dhe'n soedhva *or* Dhe'n soedhva y hwrug vy mos.
P'eur hwruss'ta mos dhe'n treth ?	My a wrug mos dhe'n treth dy' Lun *or* Dy' Lun y hwrug vy mos.
Fatell wruss'ta mos ena ?	My a wrug mos y'n karr *or* Y'n karr y hwrug vy mos.
Prag y hwruss'ta mos dhe'n kikti ?	My a wrug mos ena rag prena kig *or* Rag prena kig y hwrug vy mos.
Pandr'a wruss'ta prena y'n popti ?	My a wrug prena tesenn y'n popti *or* Tesenn a wrug vy prena.

#170 Pronoun objects: in a sentence such as *'I see the book'*, *'book'* is the object of the verb *'see'*. Instead we could say *'I see it'* where *'it'* refers to *'the book'*. In this example *'it'* is the pronoun object. It is important to remember that in Cornish all nouns are masculine or feminine in gender.

When an auxiliary verb (**GUL, MYNNES, GALLOES**) is used with another verbal noun (e.g. **gweles, dybri**) the pronoun object is expressed by using a possessive adjective *(my, your, his, her, our, their*; see **#49**) which is placed between the auxiliary verb and the following verb.

examples	meaning	(literal meaning)
my a vynn *hy* gweles	I want to see *her*	(I want her seeing)
ny yll ev *aga* klywes	he can't hear *them*	(he can't their hearing)
hi a wrug *ow* gweskel	she hit *me*	(she did my hitting)

Remember these possessive adjectives are: **OW** *(my)*, **HY** *(her)*, **AGA** *(their)* plus breathed mutation **#52**;
DHA *(your* s*)*, **Y** *(his)* plus soft mutation;
AGAN *(our)*, **AGAS** *(your* p*)*.

#171 GERVA	sinema *m*	aswonn	dalleth
	cinema	*to know (person/place)*	*to begin*

#172 KESKOWS (der an pellgowser) *(pronoun objects in italics)*

Jori:	Gorthugher da, Jenifer ! Fatla genes ? A vynn'ta dos genev dhe'n sinema a-vorow ? Yma fylm da. A vynn'ta *y* weles ?
Jenifer:	Mynnav sur. Dhe by eur y hwra dalleth ?
Jori:	An fylm a wra dalleth dhe eth eur. Ple hallav *dha* weles ?
Jenifer:	Yma boesti ogas dhe'n sinema. A wre'ta *y* aswonn ?
Jori:	My a wra *y* aswonn. A wre'ta *ow* gortos ena, ytho ?
Jenifer:	Gwrav. My a wra *dha* weles ena dhe seyth eur hanter.
Jori:	Da lowr. My a wra *y* skrifa yn *ow* dydhlyver. *Dha* weles a-vorow, ytho !

#173 OBER   *From the* **KESKOWS** *#172 pick out each phrase containing a pronoun object, translate it literally and then put it into normal English.*

#174 GERVA

estyllenn *f*	grisyow *p*	te *m*	medhyk *m*
shelf	*stairs*	*tea*	*doctor*

#175 OBER *Translate into Cornish:*

1. He does know me.
2. She saw (did see) them on the shelf.
3. They ate (did eat) it (f the cake) for tea.
4. He heard us on the stairs.
5. We closed it (f the window).

6. I didn't do it (m).
7. You can't eat them !
8. The doctor can see you now.
9. George wants to drink it (m the milk).
10. Did you like them ?

#176 BOS *(to be) imperfect past tense.*

a) **short** *form used in descriptions i.e. with* **nouns** *and* **adjectives***:*

b) **long** *form used with* **position** *and* **present participles***:*

yth/nyns/nag				
	en vy	*I was*	esen vy	
	es ta	*you were*	eses ta	
	o ev	*he/it was*	esa ev	
	o hi	*she/it was*	esa hi	
	en ni	*we were*	esen ni	
	ewgh hwi	*you were*	esewgh hwi	
	ens i	*they were*	esens i	

#177 OBER   *Translate into English and try to see why each particular form is appropriate.*

Studhyer en vy.	Yth esen vy y'n chi.
Tiek o ev.	Yth esa ev y'n park.
Skwith ens i.	Yth esens i ow tybri.
Nyns o teg an gewer.	Nyns esa an howl ow splanna.
Nyns o hi lowen.	Nyns esa hi tre.
Es ta dyskador ?	Eses ta ow koslowes ?

#178 OBER   *Turn back to the reading #66 and rewrite the passage using the past imperfect form of* **BOS***. Start off:* **Yth esa Mestres Penngelli gans hy mab Peder y'n esedhva.**

For the rest of the passage use the relevant part of **BOS** *from #176. Then take the examples from #76 and put them into the past tense and give a translation.*

#179 *Conjunctions: these are words which link together two phrases. The following group of conjunctions cause mutation of the verb. The verb must come directly after the conjunction in Cornish (although this will be different to the English word order).* **DELL** *(as),* **KETTELL** *(as soon as) and* **PAN** *(when) all cause the second (soft) mutation.*

Yth esa hi owth eva te *pan dheuth* **Peder y'n gegin.**	*She was drinking tea* when came *Peder into the kitchen.*
An maw a boenyas *kettell wrug* **ev gweles an tarow.**	*The boy ran* as soon as *did he see the bull.*
I a wrug klywes tros *dell esens* **i ow kerdhes.**	*They heard a noise* as were *they walking.*

45

#180 PUR *(very)*, **RE** *(too)* and **MAR** *(as/so)* are three useful words used with adjectives. Each causes a second (soft) mutation e.g.

toemm *(hot)*;   **pur doemm** *(very hot)*;   **re doemm** *(too hot)*;   **mar doemm** *(so hot)*

What do the following mean ?

pur dha	re wann	mar blos	pur lyb	mar deg	re doemm	pur bell	mar lan

Go back to the list of adjectives in #18 for further practice.

#181 GERVA

dydh *m day*	**kerdhes** *to walk*	**a-hys** *along*
kerdh *m walk*	**lamma** *to jump*	**war-tu ha** *towards*
arvor *m coast*	**omdhiwiska** *to undress*	**hir** *long*
morvleydh *m shark*	**garma** *to shout* **(ow karma)**	**diworth** *(away) from*
ebrenn *f sky*	**omglywes** *to feel*	**skwith** *tired*
fordh *f road*	**neuvya** *to swim*	**kompes** *smooth*
kommol *p clouds*		**distowgh** *suddenly*
dowr *m water*		**pell** *far, distant*
koweth *m friend*	**hwans** *a want/desire*	**yma hwans dhymm** *I want*

#182 REDYANS *using past (preterite) tenses and the imperfect tense of* **BOS***. Look out for use of conjunctions.*

Dydh pur deg y'n hav o. Yth esa Peder ha'y goweth Talan ow mos dhe'n treth. Dell esens i ow kerdhes a-hys an fordh war-tu ha'n arvor, yth esa an howl ow splanna. Nyns esa kommol y'n ebrenn. Kerdh hir o diworth aga chi ha toemm ha pur skwith ens i. Yth esa hwans bras dhedha a lamma y'n mor ha neuvya.

Pan dheuth an dhew dhen yowynk dhe'n treth, an mor o kompes ha glas. Yth esa Peder ha Talan owth omdhiwiska pan armas Peder distowgh:

'Re'n Jowl ! Mir orth henna Talan !'

Talan a dreylyas y benn. Pandr'a wrug ev gweles ? Yth esa morvleydh bras ow neuvya ena, ha nyns esa pell diworth an treth. Kettell welas Talan an morvleydh, ev a leveris dh'y goweth:

'Ny wrav vy omglywes mar doemm lemmyn ! Ny vynnav vy neuvya omma !'

Ha gans henna, an dhew goweth eth arta dhe-dre.

#183 GOVYNNADOW yn kever an redyans *(Questions about the reading)*	**Gorthybewgh yn Kernewek** *(Answer in Cornish)*
1. Fatell o an jydh ?	5. Ple hwrussons i omdhiwiska ?
2. Esa an howl ow splanna ?	6. Fatell o an mor ?
3. Piw esa ow kerdhes a-hys an fordh ?	7. Pandr'a welas Peder ?
4. O an kerdh hir po berr ?	8. Ple'th esa an morvleydh ?

#184 *Past (preterite) tense of* **MYNNES** *and* **GALLOES**

a) *impersonal (nominal) form*   **MYNNES**   **GALLOES**

	MYNNES		GALLOES	
(1s)	**my a vynnas**	*I wanted*	**my a allas**	*I could/was able*
(2s)	**ty a vynnas**	*you wanted*	**ty a allas**	*you could/ were able*
(3sm)	**ev a vynnas**	*he wanted*	**ev a allas**	*he could/ was able*
(3sf)	**hi a vynnas**	*she wanted*	**hi a allas**	*she could/was able*
(1p)	**ni a vynnas**	*we wanted*	**ni a allas**	*we could/were able*
(2p)	**hwi a vynnas**	*you wanted*	**hwi a allas**	*you could/were able*
(3p)	**i a vynnas**	*they wanted*	**i a allas**	*they could/were able*

b) *personal (verbal) form*   unmutated   unmutated

(1s)	**mynnis**	**gyllis**
(2s)	**mynnsys**	**gyllsys**
(3sm)	**mynnas**	**gallas**
(3sf)	**mynnas**	**gallas**
(1p)	**mynnsyn**	**gyllsyn**
(2p)	**mynnsowgh**	**gyllsowgh**
(3p)	**mynnsons**	**gallsons**

#185 *The rules for using these, and the mutations caused, are as those for the present tense* (**MYNNES #85** *and* **GALLOES #93**). *Checking back to those sections, set out some examples of* **MYNNES** *and* **GALLOES** *in negative and question form in the past tense.*

#186 *Examples of verb forms using the first person singular ('I') and the verb* **KOSKA** *('to sleep') and showing all the possible combinations met in this book.*

	statement	negative	question
present	**my a gosk** *I sleep* **my a wra koska** *I do sleep*	**ny wrav vy koska** *I don't sleep*	**a wrav vy koska ?** *do I sleep ?*
	yth esov vy ow koska *I am sleeping*	**nyns esov vy ow koska** *I am not sleeping*	**esov vy ow koska ?** *am I sleeping ?*
	my a vynn koska *I want to sleep*	**ny vynnav vy koska** *I don't want to sleep*	**a vynnav vy koska ?** *do I want to sleep ?*
	my a yll koska *I can sleep*	**ny allav vy koska** *I can't sleep*	**a allav vy koska ?** *can I sleep ?*
past	**my a goskas** *I slept* **my a wrug koska** *I did sleep*	**ny wrug vy koska** *I did not sleep*	**a wrug vy koska ?** *did I sleep ?*
	yth esen vy ow koska *I was sleeping*	**nyns esen vy ow koska** *I wasn't sleeping*	**esen vy ow koska ?** *was I sleeping ?*
	my a vynnas koska *I wanted to sleep*	**ny vynnis vy koska** *I didn't want to sleep*	**a vynnis vy koska ?** *did I want to sleep ?*
	my a allas koska *I was able to sleep*	**ny yllis vy koska** *I couldn't sleep*	**a yllis vy koska ?** *was I able to sleep ?*

#187 GERVA

klav *ill*	**tus** *p people*	**war** *on*	**orth** *at/to*
yagh *well*	**an dus** *the people*	**warnav** *on me*	**orthiv** *at me*
feusik *lucky*	**fetha** *to beat*	**warnas** *on you*	**orthis** *at you*
nyhewer *last night*	**anwoes** *m cold*	**warnodho** *on him/it*	**orto** *at him/it*
kepar ha *as, like*	**kas yw genev** *I hate*	**warnedhi** *on her/it*	**orti** *at her/it*
heb mar *without doubt*	**dhe les** *interesting*	**warnan** *on us*	**orthyn** *at us*
dell hevel *it seems*	**meur dhe les** *very interesting*	**warnowgh** *on you*	**orthowgh** *at you*
dell dybav *so I suppose*	**y'm** *in my*	**warnedha** *on them*	**orta** *at them*

#188 KESKOWS

Jori: My a vynnas gweles an fylm y'n bellwolok nyhewer mes klav en vy ha res o dhymm gortos y'm gweli.

Maria: Ogh, drog yw genev klywes henna. Yagh os ta lemmyn, dell hevel.

Jori: Gwir. Yth esa anwoes euthek warnav, dell dybav. A wruss'ta mires orto ?

Maria: Gwrug. My a wrug y weles.

Jori: Fatell o an fylm na, ytho ? Da o ev ?

Maria: Nyns o an fylm na meur dhe les. Kepar ha pup-prys an den da a fethas an dus dhrog !

Jori: A wrug ev kavoes an venyn deg ynwedh ?

Maria: Gwrug, heb mar.

Jori: Feusik en vy bos klav yn gweli, ytho ! Kas yw genev fylmow a'n par na !

#189 OBER   *Translate, and if possible add to the sentences:*

1. I was ill last night.
2. The programme was very good.
3. I had a cold it seems.
4. I was in bed last night.
5. There was a young man there.

6. I wanted to listen to the radio.
7. Did you hear the news ?
8. I could not sleep last night.
9. I hate to see sad films.
10. I prefer to listen to records.

#190 Comparison of adjectives:
Comparative adjectives are normally made in Cornish by adding **A** to the adjective and doubling (and sometimes hardening) the final consonant. This also shortens the vowel length.

bras > **brassa**	**glan** > **glanna**	**teg** > **tekka**	**hir** > **hirra**	**koth** > **kottha**
big *bigger*	*clean* *cleaner*	*fine* *finer*	*long* *longer*	*old* *older*

#191 AGES *(than)*

Jori yw brassa ages Maria. *George is bigger than Mary.*
Maria yw berra ages Jori. *Mary is shorter than George.*
An eglos yw kottha ages an tavern. *The church is older than the inn.*

agesov (vy)	*than I*
agesos (ta)	*than you*
agesso (ev)	*than he*
agessi (hi)	*than she*
ageson (ni)	*than we*
agesowgh (hwi)	*than you*
agessa (i)	*than they*

#192 Note the following differences in word order and try some of your own examples:

bras *(big)*	**ughel** *(high)*
brassa *(bigger)*	**ughella** *(higher)*
den bras *(a big man)*	**tour ughel** *(a high tower)*
an brassa *(the biggest)*	**tour ughella** *(a higher tower)*
an brassa den *(the biggest man)*	**an ughella** *(the highest)*
	an ughella tour *(the highest tower)*

#193 GERVA   byttegyns *however*   fur *wise*   oll *all*   mar hir *as tall*

#194 KESKOWS

Jori:	My yw hirra agesos, Yowann !
Yowann:	Gwir, mes kottha os ta ynwedh. Byttegyns, my yw hirra ages Maria.
Jori:	Ha Peder, yw ev mar hir agesos, Maria ?
Maria:	Yw; Peder yw hirra agesov. My yw an yowynka ha'n byghanna ynwedh. Byttegyns, my yw furra agesowgh hwi oll !
Oll:	Nag os !

#195 MOY and **MOYHA** are used with adjectives of more than two syllables e.g.

boghosek *(poor)*
moy boghosek *(poorer/more poor)*
an moyha boghosek *(poorest/the most poor)*

#196 Irregular comparison of adjectives:

da *(good)*	gwell	an gwella
drog *(bad)*	gweth	an gwettha
meur *(much)*	moy	an moyha
byghan *(little)*	le	an lyha
ogas *(near)*	nes	an nessa

#197 MAR ... AVEL ...   *(as ... as ...)*

(**mar** *causes soft mutation*)

mar wynn avel ergh	*as white as snow*
mar dhu avel glow	*as black as coal*
mar goth avel an menydhyow	*as old as the mountains*

avelov (vy)	*as I*
avelos (ta)	*as you* (s)
avello (ev)	*as he/it*
avelli (hi)	*as she/it*
avelon (ni)	*as we*
avelowgh (hwi)	*as you* (p)
avella (i)	*as they*

#198 OBER

1. She is older than I.
2. My shoes are dirtier now.
3. The bridge is lower than the bus.
4. This chair is wider than the door.
5. The worst beer in Cornwall.
6. This wine is better.
7. As sad as she.
8. As tall as you.
9. The nearest pub.
10. They are younger than we.

#199 Adverbs: an adverb is a word which describes a verb, e.g. *'he sang badly'*, where the word *'badly'* describes *'sang'* not *'he'*. (English adverbs usually end in -LY. In Cornish adverbs are made by putting **YN** in front of an adjective. **YN** causes a fifth (mixed) mutation (compare with **#136**).

initial letter:	B	D	G	M
after mixed mutation:	F	T	H	F

Examples:

berr short, brief	>	**yn ferr** shortly
da good	>	**yn ta** well
garow rough	>	**yn harow** roughly
gwir true	>	**yn hwir** truly
meur great	>	**yn feur** greatly

#200 OBER *Complete these sentences and translate them into English.*

1. Hi a boenyas *(strongly)*.
2. I a wrug kewsel *(well)*.
3. Ev a armas *(loudly)*.
4. My a wra y wul *(happily)*.
5. Ni a neuvyas *(strongly)*.

6. Ty a gerdhas *(slowly)*.
7. Yth esen vy ow redya *(quietly)*.
8. Hi a goskas *(heavily)*.
9. Ev a wrug hy hara *(greatly)*.
10. I a gewsis *(at length/long)*.

#201 Future tenses: future tenses of all verbs except **BOS** and the auxiliary verbs (**MYNNES** and **GALLOES**) are formed as described in **#128/129** by using the present tense of **GUL** and another verbal noun.

#202 BOS has a separate future tense (but without long and short forms).

Impersonal form (nominal sentences)

	subject +	**a vydh**	+ a complement	meaning
(1s)	**my**	**a vydh**	**lowen**	*I will be happy*
(2s)	**ty**	**a vydh**	**dyskador da**	*you will be a good teacher*
(3sm)	**ev**	**a vydh**	**tiek**	*he will be a farmer*
(3sf)	**hi**	**a vydh**	**y'n dre**	*she will be in town*
(1p)	**ni**	**a vydh**	**skwith**	*we will be tired*
(2p)	**hwi**	**a vydh**	**serrys**	*you will be angry*
(3p)	**i**	**a vydh**	**ow tybri**	*they will be eating*

#203 The personal forms (verbal sentences) are:

	unmutated	negative	question
(1s)	**bydhav**	**ny vydhav** *I will not be*	**a vydhav ?** *will I be ?*
(2s)	**bydhydh**	**ny vydhydh ta*** *you will not be*	**a vydhydh ta *** *will you be ?*
(3sm)	**bydh**	**ny vydh ev** *he will not be*	**a vydh ev ?** *will he be ?*
(3sf)	**bydh**	**ny vydh hi** *she will not be*	**a vydh hi ?** *will she be ?*
(1p)	**bydhyn**	**ny vydhyn ni** *we will not be*	**a vydhyn ni ?** *will we be ?*
(2p)	**bydhowgh**	**ny vydhowgh hwi** *you will not be*	**a vydhowgh hwi ?** *will you be ?*
(3p)	**bydhons**	**ny vydhons i** *they will not be*	**a vydhons i ?** *will they be ?*

* sometimes contracted to **ny vydh'ta** and **a vydh'ta**.

#204 OBER *Translate the following using the impersonal future tense of* **BOS**.

1. *They will be happy.*
2. *I will be there at eight.*
3. *We will be in Penzance.*
4. *They will be wet !*
5. *The weather will be cold.*

6. *She will be late* **(diwedhes)**.
7. *George will be sad to hear the news.*
8. *The dog will be at home.*
9. *You will be heard* **(klywys)**.
10. *He will be good.*

#205 OBER *Put each of the sentences in* **#204** *into negative and question form, e.g* 'they won't be happy'; 'will they be happy ?'. *Translate into Cornish.*

Ystynnans (Appendix) **2**: **Rannow Verbow** (Parts of Verbs) Reference Table

Notes: look out for some of the following points:
    a) irregular verbs such as **bos, dos, mos, ri, dri, doen, godhvos**;
    b) changes in vowels in verbs which are otherwise regular, e.g. **igeri, a iger, a igoras**;
    c) verbs with **-IS** in the preterite, e.g. **dybri, a dhybr**is;
    d) mutations after particles **A²** and **OW⁴**;
    e) verbs which are stems in themselves, e.g. **dalleth, a dhalleth; aswonn, a aswonn**.

Column 1 is the verb-noun (or infinitive or 'dictionary' form) which can be used with auxiliary verbs **gul, mynnes, galloes**, e.g., **ev a wrug** *difuna*, **hi a vynn** *gorthybi*, **ny yllyn** *dos*.

Columns 3, 4 and 5 give the impersonal (nominal) forms which can be used with any pronoun subject (except in questions and negative sentences) and all noun subjects, e.g. **my aswonn, ty a aswonn** etc.

Column 6 gives the present participle which is used with the long forms of **bos**, e.g. **ymons i** *ow tybri*, **nyns usi ev** *ow kwari*.

Column 1 *Verb-noun (infinitive)*	Column 2 *English meaning*	Column 3 *Present (impersonal)*	Column 4 *Preterite (impersonal)*	Column 5 *Future (impersonal)*	Column 6 *Present participle*
aswonn	to know	a aswonn	a aswonnis	a wra aswonn	owth aswonn
bos	to be	yw	a veu	a vydh	ow pos
bryjyon	to boil	a vros	a vrojyas	a wra bryjyon	ow pryjyon
dalleth	to begin	a dhalleth	a dhallathas	a wra dalleth	ow talleth
daskorr	to give back	a dhaskorr	a dhaskorras	a wra daskorr	ow taskorr
degea	to close	a dhege	a dhegeas	a wra degea	ow tegea
dehweles	to go back	a dhehwel	a dhehwelis	a wra dehweles	ow tehweles
difuna	to wake up	a dhifun	a dhifunas	a wra difuna	ow tifuna
diwedha	to end	a dhiwedh	a dhiwedhas	a wra diwedha	ow tiwedha
diwiska	to take off	a dhiwisk	a dhiwiskas	a wra diwiska	ow tiwiska
doen	to carry	a dheg	a dhug	a wra doen	ow toen
donsya	to dance	a dhons	a dhonsyas	a wra donsya	ow tonsya
dos	to come	a dheu	a dheuth	a wra dos	ow tos
drehedhes	to reach	a dhrehedh	a dhrehedhas	a wra drehedhes	ow trehedhes
dri	to bring	a dhre	a dhros	a wra dri	ow tri
dybri	to eat	a dheber	a dhybris	a wra dybri	ow tybri
dyski	to learn	a dhysk	a dhyskas	a wra dyski	ow tyski
esedha	to sit down	a esedh	a esedhas	a wra esedha	owth esedha
eva	to drink	a yv	a evas	a wra eva	owth eva
fetha	to beat	a feth	a fethas	a wra fetha	ow fetha
fistena	to hurry	a fisten	a fistenas	a wra fistena	ow fistena
galloes	to be able	a yll	a allas	*(not used)*	*(not used)*
garma	to shout	a arm	a armas	a wra garma	ow karma
gasa	to leave, let	a as	a asas	a wra gasa	ow kasa
gelwel	to name	a elow	a elwis	a wra gelwel	ow kelwel
glanhe	to clean	a lanha	a lanhas	a wra glanhe	ow klanhe
godhvos	to know	a woer	a wodhva	a wra godhvos	ow kodhvos
godra	to milk	a woder	a wodras	a wra godra	ow kodra
goelya	to sail	a woel	a woelyas	a wra goelya	ow koelya
golghi	to wash	a wolgh	a wolghas	a wra golghi	ow kolghi
gorra	to put	a worr	a worras	a wra gorra	ow korra
gorthybi	to answer	a worthyb	a worthybis	a wra gorthybi	ow korthybi
gortos	to wait for	a worta	a wortas	a wra gortos	ow kortos
gorwedha	to lie down	a worwedh	a worwedhas	a wra gorwedha	ow korwedha
goslowes	to listen	a woslow	a woslowas	a wra goslowes	ow koslowes
govynn	to ask	a wovynn	a wovynnas	a wra govynn	ow kovynn
gul	to do/make	a wra	a wrug	a wra gul	ow kul

Column 1	Column 2	Column 3	Column 4	Column 5	Column 6
Verb-noun (infinitive)	English meaning	Present (impersonal)	Preterite (impersonal)	Future (impersonal)	Present participle
gwari	to play	a wari	a warias	a wra gwari	ow kwari
gweles	to see	a wel	a welas	a wra gweles	ow kweles
gweres	to help	a weres	a weresas	a wra gweres	ow kweres
gwertha	to sell	a werth	a werthas	a wra gwertha	ow kwertha
gweskel	to hit	a wysk	a weskis	a wra gweskel	ow kweskel
gwiska	to dress, wear	a wisk	a wiskas	a wra gwiska	ow kwiska
gwitha	to keep	a with	a withas	a wra gwitha	ow kwitha
hedhi	to stop	a hedh	a hedhis	a wra hedhi	owth hedhi
hwerthin	to laugh	a hwerth	a hwarthas	a wra hwerthin	ow hwerthin
igeri	to open	a iger	a igoras	a wra igeri	owth igeri
kana	to sing	a gan	a ganas	a wra kana	ow kana
kara	to love, like	a gar	a garas	a wra kara	ow kara
kavoes	to get	a gyv	a gavas	a wra kavoes	ow kavoes
kelli	to lose	a gyll	a gollas	a wra kelli	ow kelli
kemmeres	to take	a gemmer	a gemmeras	a wra kemmeres	ow kemmeres
kerdhes	to walk	a gerdh	a gerdhas	a wra kerdhes	ow kerdhes
kewsel	to speak	a gews	a gewsis	a wra kewsel	ow kewsel
klappya	to chatter	a glapp	a glappyas	a wra klappya	ow klappya
koska	to sleep	a gosk	a goskas	a wra koska	ow koska
kyrghes	to fetch	a gyrgh	a gyrghas	a wra kyrghes	ow kyrghes
lamma	to jump	a lamm	a lammas	a wra lamma	ow lamma
lenwel	to fill	a lenow	a lenwis	a wra lenwel	ow lenwel
leverel	to say	a lever	a leveris	a wra leverel	ow leverel
liwya	to colour	a liw	a liwyas	a wra liwya	ow liwya
lywya	to drive	a lyw	a lywyas	a wra lywya	ow lywya
maga	to feed	a vag	a vagas	a wra maga	ow maga
megi	to smoke	a veg	a vogas	a wra megi	ow megi
mires	to look	a vir	a viras	a wra mires	ow mires
mos	to go	a	eth	a wra mos	ow mos
mynnes	to want	a vynn	a vynnas	(not used)	(not used)
neuvya	to swim	a neuv	a neuvyas	a wra neuvya	ow neuvya
oberi	to work	a ober	a oberas	a wra oberi	owth oberi
pareusi	to prepare	a bareus	a bareusas	a wra pareusi	ow pareusi
plegya	to fold	a bleg	a blegyas	a wra plegya	ow plegya
prederi	to think	a breder	a brederis	a wra prederi	ow prederi
prena	to buy	a bren	a brenas	a wra prena	ow prena
ri	to give	a re	a ros	a wra ri	ow ri
seni	to ring	a sen	a sonas	a wra seni	ow seni
serri	to get angry	a serr	a sorras	a wra serri	ow serri
sevel	to get up	a sev	a sevis	a wra sevel	ow sevel
skrifa	to write	a skrif	a skrifas	a wra skrifa	ow skrifa
splanna	to shine	a splann	a splannas	a wra splanna	ow splanna
synsi	to hold	a syns	a synsis	a wra synsi	ow synsi
tenna	to pull	a denn	a dennas	a wra tenna	ow tenna
terri	to break	a derr	a dorras	a wra terri	ow terri
treylya	to turn	a dreyl	a dreylyas	a wra treylya	ow treylya
tremena	to pass	a dremen	a dremenas	a wra tremena	ow tremena
triga	to live	a drig	a drigas	a wra triga	ow triga
tyli	to pay	a dal	a dylis	a wra tyli	ow tyli
yskynna	to go up	a yskynn	a yskynnas	a wra yskynna	owth yskynna
ystynna	to extend	a ystynn	a ystynnas	a wra ystynna	owth ystynna

Ystynnans (Appendix) **3**: Parts of **BOS** and auxiliary verbs used in this book:

	BOS *present short*	BOS *present long*	BOS *imperfect short*	BOS *imperfect long*	BOS *future*	*[enclitic] for clarity but not needed]*
1s	ov	esov	en	esen	bydhav	[vy]
2s	os	esos	es	eses	bydhydh	[ta]
3s	yw	yma/usi	o	esa	bydh	[ev/hi]
1p	on	eson	en	esen	bydhyn	[ni]
2p	owgh	esowgh	ewgh	esewgh	bydhowgh	[hwi]
3p	yns	ymons/esons	ens	esens	bydhons	[i]

	GUL *present*	GUL *preterite*	GALLOES *present*	GALLOES *preterite*	MYNNES *present*	MYNNES *preterite*	*[enclitic] for clarity but not needed]*
1s	gwrav	gwrug	gallav	gyllis	mynnav	mynnis	[vy]
2s	gwredh	gwrussys	gyllydh	gyllsys	mynnydh	mynnsys	[ta]
3s	gwra	gwrug	gyll	gallas	mynn	mynnas	[ev]
1p	gwren	gwrussyn	gyllyn	gyllsyn	mynnyn	mynnsyn	[ni]
2p	gwrewgh	gwrussowgh	gyllowgh	gyllsowgh	mynnowgh	mynnsowgh	[hwi]
3p	gwrons	gwrussons	gyllons	gallsons	mynnons	mynnsons	[i]

Ystynnans (Appendix) **4**: Table of Mutation of Initial Consonants:

intial letter:	B	CH	D	G	K	M	P	T
after second (soft) mutation (lenition):	²V	²J	²DH	²W/²-*	²G	²V	²B	²D
after third (spirant or breathed) mutation:	B	CH	D	G	³H	M	³F	³TH
after fourth (hard) mutation (provection):	⁴P	CH	⁴T	⁴K	K	M	P	T
after fifth (mixed) mutation:	⁵F	CH	⁵T	⁵H	K	⁵F	P	T

* i.e. **g** changes to **w** (**goedh, an woedh**), or drops altogether (**gwedrenn, an wedrenn**)

Second mutation comes after **AN**² *(the)* (fs nouns, and mp nouns denoting persons and adjectives following them) and **UNN**² *(one)* (fs nouns); the numbers **DEW**² *(two,* m), **DIW**² *(two,* f) and **MIL**² *(thousand)*; the verbal particles **A²**, **NY²**, **NA²** and **RE²** , and prepositions **A²** *(from)*, **DHE²** *(to)*, **WAR²** *(on)*, **YN-DANN²** *(under)* and **DRE²** *(through)*;. Second mutation also affects verbs after conjunctions **PAN²** *(when)*, **DELL²** *(as)*, **FATELL²** *(how)* and **KETTELL²** *(as soon as)*; adjectives after **PUR²** *(very)*, **RE²** *(too)* and **MAR²** *(as, so)*; and nouns after possessive adjectives **DHA²** *(your,* s) and **Y²** *(his)*.

Third mutation occurs after numbers **TRI³** *(three,* m) and **TEYR³** *(three,* f) and possessive adjectives **OW³** *(my)*, **HY³** *(her)* and **AGA³** *(their)*.

Fourth mutation occurs after particle **OW⁴**.

Fifth mutation occurs after **PLE⁵** *(where)*, **P'EUR⁵** *(when)*, verbal particle **Y⁵** and **YN⁵** with adverbs.

There are other causes of mutation but they are not dealt with in this book.

Gerva Kernewek-Sowsnek

berrheansow/abbreviations

m	masc. noun / hanow gorow
f	fem. noun / hanow benow
s	singular / unnplek
p	plural / liesplek
v	verb
#	reference to section in book
2 =	state of
3 =	mutation
4 =	caused to
5 =	following word

A

a²	from
a²	*(particle used with questions)*
a vynn'ta ?	do you want ?
a wre'ta ?	do you ?
a wruss'ta ?	did you? have you?
a wodhes ?	do you know ?
a yll'ta ?	can you ?
a-dal	opposite
a-dreus	across
a-dro	around
a-dryv	behind
aga³	their
agan	our
agas	your
ages	than *(see #191)*
a-hys	along
Alban *f*	Scotland
alhwedh, -ow *m*	key
amari, -s *f*	cupboard
amma (dhe) *v*	kiss
ammeth *f*	agriculture
an	the *(softens fs and mp nouns (see #11))*
ankor *m*	anchor
anwoes *m*	cold *(illness)*
a-rag	in front of
arall *s*	other, another
aras *v*	to plough *(owth aras)*
arghans *m*	money, silver
arghantti, -ow *m*	bank *(finance)*
arvor, -yow	coast
askloes *p*	chips
ass!	how ! what a ! *(see #24)*
aswonn *v*	to recognise, to know *(person or place) (owth aswonn) (see also godhvos)*
aval, -ow *m*	apple
avel	as *(see #197)*
avon, -yow *f*	river
a-vorow	tomorrow
a-ugh	above
a-wosa	afterwards
a'y anvodh	reluctantly (3s)
a'y esedh	seated (3s)

B (mutates to ²V, ⁵F)

baner, -yow *m*	flag
bara *m*	bread
bargen-tir *m*	farm
benow	feminine
benyn, -es *f*	woman
berr	short, brief
berrheans, ow *m*	abbreviation
bleujenn, -ow *f*	flower
blew *p*	hair
bloedh *m*	years of age
blydhen, blydhynyow *f*	year
boes *m*	food
boesti, -ow *m*	restaurant, café
boghosek	poor
bolla, -ow *m*	bowl
bos *v*	to be *(see #75, 176) (ow pos)*
bowji, -ow *m*	cowshed
bownder, -yow *f*	lane
bras	big
bre, -ow *f*	hill
bregh, -ow *f*	arm *(diwvregh)*
Breten Vyghan *f*	Brittany
Breton, -yon *m*	Breton
breus, -ow *f*	opinion
bro, -yow *f*	country
brithel, brithyli *m*	mackerel
broder, breder *m*	brother
bryjyon *v*	to boil *(ow pryjyon)*
bryjys	boiled
bryntin !	great !
bugh, -es *f*	cow
byghan	small
bys, -yes *m*	finger
bys	until
bys vykken	for ever
byttegyns	however

CH (mutates to ²J)

chambour, -yow *m*	bedroom
chapel, -yow *m*	chapel
chi, -ow *m*	house
chymbla, -ow *m*	chimney

D (mutates to ²DH, ⁴T, ⁵T)

da	good
da lowr	good enough, OK
da yw genev	I like
daffar *m*	equipment
dalleth *m*	beginning, start
dalleth *v*	to begin, start *(ow talleth)*
dans, dens *m*	tooth
daras, -ow *m*	door
dannvon *v*	to send *(ow tannvon)*
daskorr *v*	to give back, return *(ow taskorr)*
dasweles *v*	to revise, review *(ow tasweles)*
davas, deves *f*	sheep
degea *v*	to close, shut *(ow tegea)*
deg	ten
deghow	right (hand), South
degves	tenth
dehweles *v*	to go back, return *(ow tewheles)*
dell²	as. so
dell brederav	as I think
dell dybav	as I think
dell glywav	so I hear
dell grysav	so I believe
dell hevel	so it seems
dell lavarav	as I say
dell yw usys	as is usual
den, tus *m*	person, man
den-bal, tus-bal *m*	miner
der , dre	through, by means of
desedhys	situated
desk, -ow *m*	desk
dew² *m*	two
dewdhek	twelve
dewweder *p*	glasses, spectacles
dha² *s*	your
dha weles	see you
dhe²	to *(dhymm etc #47)*
dhe les	useful
dhe-ves	away *(movement)*
dhe-dre	homeward
diek	lazy
dien	complete, whole
difuna *v*	to wake up *(ow tifuna)*
difunell, -ow *f*	alarm clock
dillas *p*	clothes, clothing
distowgh	immediately
diw² *f*	two
diwedh *m*	end, finish
diwedha *v*	to end *(ow tiwedha)*
diwedhes	late
diwes *m*	drink
diwettha	later
diwiska *v*	to take off clothes *(ow tiwiska)*
diworth	away from
diwotti, -ow *m*	pub
doen *v*	to carry *(ow toen)*
dohajydh *m*	afternoon
dons, -yow *m*	dance
donsya *v*	to dance *(ow tonsya)*
dorn, -ow *m*	hand, fist *(dewdhorn)*
dornla, -ow *m*	handle
dowr, -ow *m*	water
dos *v*	to come *(ow tos)*
drehedhes *v*	to reach *(ow trehedhes)*
dres	beyond, past, through
dri *v*	to bring *(ow tri)*
drog	bad
drog yw genev	I am sorry
drog pes	displeased
du	black
dybri *v*	to eat *(ow tybri)*
dydh, -yow *m*	day *(an jydh)*
dydhlyver, -vrow *m*	diary
dyenn *m*	cream
dyenn rew *m*	ice cream
dy'goel, -yow *m*	holiday
dyskador, -yon *m*	teacher
dyskadores, -ow *f*	teacher
dyski *v*	to learn, teach *(ow tyski)*
dy' Sul	Sunday *(see #110 for other days of the week)*
Dyw *m*	God
dyw genes	goodbye

E

ebrenn *f*	sky
edhen, ydhyn *f*	bird
eglos, -yow *f*	church
ena	there, then
ensampel, -plow *m*	example
enyval, -es *m*	animal
erell *p*	other
ergh *m*	snow
esedha *v*	to sit down *(owth esedha)*
esedhva -ow *f*	sitting room

esel, -i *m* — member, limb
eskis, -yow *f* — shoe
estyllenn, -ow *f* — shelf
etek — eighteen
eth — eight
eur, -yow *f* — hour, o'clock
euryor *f* — wrist-watch
euth *m* — horror
euthek — horrible
ev — he
eva *v* — to drink *(owth eva)*
ewn — correct, straight

F

fatell[2] ? — how ? *(what something is like)*
  fatla genes ? — how are you ?
  fatell yw an gewer ? — what's the weather like ?
fenester, -tri *f* — window
fenten,
  fentynyow *f* — spring *(water)*
fest — very, extremely
fest da — extremely good
fetha *v* — to conquer, beat
feusik — lucky, fortunate
fistena *v* — to hurry, rush
flogh, fleghes *m* — child
folenn, -ow *f* — page, sheet of paper
fordh, -ow *f* — road
fordh-a-dro *f* — roundabout *(road)*
forn, -ow *f* — oven, stove
fos, -ow *f* — wall
fur — wise
fylm, -ow *m* — film

G (mutations ²-, ²W, ⁴K, ⁵H)

galloes *v* — to be able, can *(see #91, 93, 184)*
gans — with (see #88)
garow — rough
garma — to shout *(ow karma)*
garth, -ow *m* — yard, enclosure
gasa *v* — to leave *(ow kasa)*
gell — brown
gelwel *v* — to call *(ow kelwel)*
gelwys — called
genys — born
ger, -yow *m* — word
gerva, -ow *f* — vocabulary
glan — clean
glanhe *v* — to clean *(ow klanhe)*
glas — blue, green *(of plants)*
glaw *m* — rain
glawlenn, -ow *f* — umbrella
glesin, -yow *m* — lawn
glyb — wet
glow — coal
godhvos *v* — to know (fact), to know how to (see #100) *(see also aswonn)*
godra *v* — to milk *(ow kodra)*
goedh, -ow *f* — goose
goel, -yow *m* — sail
goelya *v* — to sail *(ow koelya)*
goen, -yow *f* — downland, moor
goes *m* — blood
gokki — stupid, silly
golghi *v* — to wash *(ow kolghi)*
golow, -ys *m* — light
gols *m* — (head of) hair
gorhel, -holyon *m* — ship
gorow — masculine

gorra *v* — to put *(ow korra)*
gorsav, -ow *m* — station
gorthugher *m* — evening
gorthybi *v* — to answer, reply *(ow korthybi)*
gorthyp, -ybow *m* — answer, reply
gortos *v* — to wait *(ow kortos)*
gorwedha *v* — to lie down *(ow korwedha)*
goslowes (orth) *v* — to listen (to) *(ow koslowes)*
govynn, -ow *m* — question
govynn *v* — to ask *(ow kovynn)*
gour, gwer *m* — husband
gris, -yow *m* — stair
gul *v* — to do, make *(ow kul)* *(# 128, 129, 161, 162)*
gwag — empty
gwann — weak
gwari *v* — to play *(ow kwari)*
gwav, -ow *m* — winter
gwedrenn, -ow *f* — glass *(tumbler)*
gweles *v* — to see *(ow kweles)*
gweli, -ow *m* — bed
gwell — better
  gwell yw genev — I prefer
  gwell yw dhymm — I'd better
gwella — best
gwenton *m* — spring *(season)*
gweres *v* — to help *(ow kweres)*
gwertha *v* — to sell *(ow kwertha)*
gwerther, -oryon *m* — salesman
gwerthji, -ow *m* — shop
gweskel *v* — to hit *(ow kweskel)*
gweth — worse
gwettha — worst
gwin *m* — wine
gwir — true
gwiska *v* — to wear, dress *(ow kwiska)*
gwitha *v* — to keep *(ow kwitha)*
gwithyas, -ysi *m* — guardian
gwithyas kres *m* — policeman
gwivrenn, -ow *f* — wire
gwreg, gwragedh *f* — wife
gwydh *p* — trees *(collective)*
gwydhenn, -ow *f* — tree
gwynn — white, fair
gwyns, -ow *m* — wind
gwynsek — windy
gwyrdh — green *(not living things - see glas)*
gyllys — gone *(from mos)*

H

ha — and
hag — and *(before vowel)*
hager — ugly
ha'n — and the *(ha + an)*
hanaf, -ow *m* — cup
hanaf-oy *m* — egg-cup
haneth — tonight
hanow, henwyn *m* — name, noun
hanow gwann — adjective
hansel, -yow *m* — breakfast
hanter *m* — half
hanterdydh *m* — midday
hanterkans — fifty
hanternos *f* — midnight
hav, -ow *m* — Summer
heb — without
  heb mar — without doubt

hedhi *v* — to stop *(owth hedhi)*
hedhyw — today
hel, -yow *f* — hall
hel an dre — town hall
hemm *m* — this (one)
hemma *m* — this (one)
henn *m* — that (one)
henna *m* — that (one)
herwydh — according to
heyl, -yow *m* — estuary
hi — she
hir — long, tall
hoelan *m* — salt
hogh, -es *m* — pig
homm *f* — this (one)
homma *f* — this (one)
honn *f* — that (one)
honna *f* — that (one)
horner, -oryon *m* — ironmonger
hou ! — hi ! hello !
howl *m* — sun
howlsplann *m* — sunshine
hwans, -ow *m* — desire
  yma hwans dhymm — I want
hwath — still, yet
hweg — sweet, nice
hwedhel, -dhlow *m* — story, tale
hwegh — six
hwegynn, -ow *m* — sweet
hwerthin *v* — to laugh *(ow hwerthin)*
hwetek — sixteen
hwoer, hwerydh *f* — sister
hy[3] — her
hyns, -yow *m* — path
hyns-horn *m* — railway

I

i — they
igeri *v* — to open *(owth igeri)*
igor — open
Iwerdhon *f* — Ireland
iwerdhonek — Irish
isel — low
isella — lower

J

jynn, -ow *m* — machine
jynn-skrifa *m* — typewriter
jynnskrifa *v* — to type
jynn-tenna *m* — tractor

K (mutates to ²G, ³H)

kador, -yow *f* — chair
kador-vregh *f* — armchair
kamm — wrong, crooked
kana *v* — to sing
kaner, -oryon *m* — singer
kans, -ow *m* — hundred
kanstell, -ow *f* — basket
kar, kerens *m* — relation, parent
kara *v* — to love
kares, -ow *f* — relation, girlfriend
karr, kerri *m* — car
karrji, -ow *m* — garage
kas *m* — hate
  kas yw genev — I hate
kath, -es *f* — cat
kavoes *v* — to get, find, have, acquire, obtain
kay, -ow *m* — quay, platform
ke ! — go ! *(from mos)*

kegin, -ow *f*	kitchen
kelli *v*	to lose
kelorn, kelern *m*	bucket
keltek	Celtic
Kembra *f*	Wales
kembrek	Welsh
kemmeres *v*	to take
kemmyn	common
kenter, -row *f*	nail
kepar (ha)	(just) like
kerdh, -ow *m*	walk
kerdhes *v*	to walk
kerens *p*	parents
kernewek	Cornish
Kernewek	Cornish language
Kernewes, -ow *f*	Cornishwoman
Kernow *f*	Cornwall
Kernow, -yon *m*	Cornishman
keskewsel *v*	to converse
keskows, -ow *m*	conversation
kesva, -ow *f*	board (organisation)
kettell²	as soon as
keur, -yow *m*	choir
keus *m*	cheese
kewer *f*	weather
kewsel *v*	to speak
ki, keun *m*	dog
kibell, -ow *f*	bath, tub
kig, -yow *m*	meat, flesh
kiger, -yon *m*	butcher
kikti, -ow *m*	butcher's shop
kinyow, -yewow *m*	dinner
klappya *v*	chatter
klav	sick, ill
kledh	left (hand), North
klokk, -ow *m*	clock
klywes *v*	to hear, sense
koffi *m*	coffee
kok, -ow *m*	fishing boat
koloven, -yow *f*	column
kommol *p*	clouds *(collective)*
kommolenn, -ow *f*	cloud
kompes	even, level, calm
korev, -ow *m*	beer
kornell, -ow *f*	corner
kors *m*	course
kosel	calm, quiet
koska *v*	to sleep
kota, -ow *m*	coat
koth	old
koweth, -a *m*	friend
kowethas, -ow *f*	society
kowethes, -ow *f*	friend
kowl, -ow *m*	soup
kowlik, -igow *m*	sprout *(vegetable)*
kres *m*	peace
kres *m*	middle
kresenn, -ow *f*	centre
kreslu *m*	police (force)
krev	strong, vigorous
krodhvolas *v*	to complain, murmur
krow, -yow *m*	shed, hut
krowshyns, -yow *m*	crossroads
krys, -yow *m*	shirt
kuntell *v*	to gather, collect
kwarter *m*	quarter
kweth, -ow *f*	cloth
kyn⁵	although
kynth	although *(before vowels and 'h')*
kyns	before
kynsa	first

kynyav *m*	autumn
kyrghes *v*	to fetch, bring
kyttrin, -yow *m*	bus

L

lagas, -ow *m*	eye *(dewlagas)*
lamma *v*	to jump
lavar, -ow *m*	saying, phrase
lavrek, -ogow *m*	trousers
le, -ow *m*	place
le	less
ledan	wide
lemmyn	now
lenwel *v*	to fill
les *m*	benefit, advantage
lester, lestri *m*	vessel *(can be a boat or container)*
lestrier, -yow *m*	kitchen dresser
leth *m*	milk
le'ti, -ow	dairy
leun (a²)	full (of)
leur, -yow *m*	floor
lev, -ow *m*	voice
leverel *v*	to say
lew, -yon *m*	lion
lies	many *(followed by a singular noun)*
liesplek	plural
liw, -yow *m*	colour
liwya *v*	to colour
loder, lodrow *m*	stocking
lodrik, lodrigow *m*	sock
loes	grey
losow	plants
losowenn, -ow *f*	plant
losow-kegin *p*	vegetables
lost, -ow *m*	tail
lostenn, -ow *f*	skirt
lovan, -ow *f*	rope
lowarth, -yow *m*	garden
lowen	happy
lowr	enough
lugarn, lugern *m*	lamp
lyha	least
lyther, -ow *m*	letter
lytherva, -ow *f*	post office
lyver, lyvrow *m*	book
lyverji, -ow	bookshop
lyverva, -ow *f*	library
lyw, -yow *m*	rudder
lywya *v*	to steer, drive

M (mutates to ²V, ⁵F)

ma	*(after noun)* this
an den ma	this man
an venyn ma	this woman
mab, mebyon *m*	son
maga *v*	to feed, nuture, rear
mamm, -ow *f*	mother
mammik *f*	mummy
mamm-wynn *f*	grandmother
Manow *f*	Isle of Man
mappa, -ow *m*	map
mar²	as, so *(see #197)*
mar⁴	if
mar pleg	please, if it pleases
marghas, -ow *f*	market
martesen	perhaps, maybe
maw, mebyon *m*	boy
maylyer, -ow *m*	envelope
mebyl *m*	furniture
medhyk, -ygyon *m*	doctor

megi *v*	to smoke
melin, -yow *f*	mill
melyn	yellow
menydh, -yow *m*	hill, mountain
mes	but
Mester	Mister
Mestres	Mistress, Miss, Ms
metya *v*	to meet
meur	great, much
meur ras	thanks
meur a²	many *(followed by a plural or mass noun)*
mil, -yow *f*	thousand
milvil *m*	million
mires (orth) *v*	to look (at), watch
mis, -yow *m*	month
mis Genver	January *(see #109 for other months)*
modrep, -ebedh *f*	aunt
moen	thin, slim
moes, -ow *f*	table
mor, -yow *m*	sea
morthol, -ow *m*	hammer
morvleydh, -i *m*	shark
mos *v*	to go
mowes, -i *f*	girl
moy	more
moyha	most
my	I
mynnes *v*	to wish, want, intend *(see # 83, 85, 184)*
mynys *p*	minutes *(collective)*
mynysenn, -ow *f*	minute *(time)*
myrgh, -es *f*	daughter
myttin *m*	morning

N

na²	negative particle in 'no' answers *(nag before vowels in bos and mos)*
na	*(after noun)* that
an den na	that man
an venyn na	that woman
na fors	it doesn't matter
namoy	no more, neither
nans, -ow *m*	valley
naw	nine
nebes	some *(followed by a plural or mass noun)*
nebonan	someone, somebody
nes	nearer
nesa *v*	to approach
nessa	nearer
nessa	second, next
neuvya *v*	to swim
ni	we
niver, -ow *m*	number
nos, -ow *f*	night
notenn, -ow *f*	note
nown *m*	hunger
yma nown dhymm	I am hungry
nownsek	nineteen
nowodhow *p*	news
nowydh	new
ny²	*negative particle 'not'*
ny vern	never mind
ny wonn	I don't know
ny grysav	I don't think (so)
nyhewer	last night
nyns	*negative particle 'not' before vowels in bos and mos*
nyns yw gwir	it's not true

O

ober, -ow *m*	work, job, exercise
oberi *v*	to work *(owth oberi)*
ogas (dhe[2])	near (to)
oll	all, every
omdhiwiska *v*	to get undressed *(owth omdhiwiska)*
omglywes *v*	to feel *(owth omglywes)*
omma	here
omri *v*	to concentrate *(owth omri)*
omwiska *v*	to get dressed *(owth omwiska)*
omwolghi *v*	to wash oneself *(owth omwolghi)*
onan	one *(noun; as an adective see unn)*
ostel, -yow *f*	hotel
orth	at, to *(see #187)*
ott !	look !
ottena !	look there is !
ottomma !	look here is !
our, -yow *m*	hour *(duration)*
ow[3]	my
ow[4]	= '-ing' *(particle used with verb noun to make present particple)*
owth	*(replaces ow[4] before vowels)*
oy, -ow *m*	egg
oyl *m*	oil

P (mutates to ²B, ³F)

pal, -yow *f*	spade
palas *v*	to dig
pan[2]	when *(conjunction; verb follows directly after)*
pandra ?	what ? *(before verb)*
paper, -yow *m*	paper
paper-nowodhow *m*	newspaper
par *m*	sort, type, kind
py par ?	what sort ?
a'n par ma	of this kind, like this
a'n par na	of that kind, like that
pareusi *v*	to prepare
park, -ow *m*	field, park
park-kerri *m*	car park
parys	ready
pastes, -ow *m*	pie
pasti, -ow *m*	pasty
peber, -oryon *m*	baker
peder *f*	four
pel, -yow *f*	ball
peldroes *m*	football
pell	far, distant
pellgewsel *v*	to telephone
pellgowser, -yow *m*	telephone
pellwolok, -ogow *f*	television
penn, -ow *m*	head, end
penn-bloedh *m*	birthday
pennseythun, -yow *f*	weekend
perghenn, -ow *m*	owner
pes ?	how many ?
pes da	pleased
peswar *m*	four
peswardhek	fourteen
p'eur[5] ?	when ?
piw ?	who ?
plasenn, -ow *f*	record, disc

ple[5] ?	where ?
plegya *v*	to fold, bend
ple'ma	where is/are ?
plos	dirty
pluvenn, -ow *f*	pen, feather
po	or
poenya *v*	to run
poes	heavy, weighty
pols, -yow *m*	moment
pons *m*	bridge
popti, -ow *m*	bakery
poran	exact, precise
porth, -ow *m*	harbour, port, cove
pow, -yow *m*	country, countryside
Pow Frynk	France
Pow Sows	England
prag y[5] ?	why ?
praktis *m*	practice
pras, -ow *m*	meadow
prena *v*	to buy, pay for
prenn *m*	wood *(material)*
pris, -yow *m*	price
prys, -yow *m*	time, occasion
prysk *p*	bushes *(collective)*
pub	each, every
pubonan	everyone, everybody
pup-prys	every time, always
puptra	everything
pur[2]	very
py ?	what ? which ? *(with noun)*
py eur ?	what time ?
py le ?	where ? which place ?
py lies ?	how many ?
py liw ?	what colour ?
py par ?	what sort ?
pymp	five
pymthek	fifteen
pysk, puskes *m*	fish
pyskessa *v*	to fish
pyskador, -yon *m*	fisherman
pyth ?	what ? *(with verb)*

R

rag	for, in order to
re[2]	too
redya *v*	to read
redyans, -ow *m*	reading
res *m*	need
res yw dhymm	I need
rev, -ow *f*	oar
revya *v*	to row
rewell, -ow *f*	freezer
rewl, -ow *f*	rule
rewler, -oryon *m*	manager
ri *v*	to give, donate
rudh	red
ryb	by, beside

S

sagh, seghyer *m*	bag
salow	safe, sound
sawya *v*	to save
selsigenn, selsik *f*	sausage
seni *v*	to ring
serri (orth) *v*	to get angry (with)
serrys	angry
seth, -ow *m*	vase, jar
sevel *v*	to get up, rise
seytek	seventeen
seyth	seven
seythun, -yow *f*	week

sinema *m*	cinema
skath, -ow *f*	boat *(see #155 for types)*
skav	light (weight), nimble
skeusenn, -ow *f*	photograph
skiber, -yow *f*	barn
skol, -yow *f*	school
skoler, -oryon *m*	schoolchild
skrifa *v*	to write
skrifennyades, -ow *f*	secretary
skwith	tired, weary
soedh, -ow *f*	employment, job
soedhva, -ow *f*	office
sos *m*	friend, mate
soweth	unfortunately
sowsnek	English
spas, -ow *m*	opportunity, space
spiser, -oryon *m*	grocer
spisti, -ow *m*	grocery
splann	shining, splendid
splanna *v*	to shine
sport, -ow *m*	sport
stamp, -ow *m*	stamp
stevell, -ow *f*	room
stevell-dhybri *f*	dining room
stevell-omwolghi *f*	bathroom
stret, -ow *m*	street
sygh	dry
syghes *m*	thirst
yma syghes dhymm	I am thirsty
synsi *v*	to hold, contain
sywya *v*	to follow

T (mutates to ²D, ³TH)

taklow *p*	things
tamm, temmyn *m*	piece, bit
tamm ha tamm	gradually, bit by bit
tan, -yow *m*	fire
tarow, terewi *m*	bull
tas, -ow *m*	father
tas-gwynn *m*	grandfather
tasik	daddy
tavern, -yow *m*	inn
taves, tavosow *m*	tongue, language,
tawesek	silent
te *m*	tea
teg	fine, beautiful
tenna *v*	to pull
tesenn, -ow *f*	cake
terri *v*	to break
terrys	broken
tew	fat
teylu, -yow *m*	family
teyr[3] *f*	three
tiek, tiogyon *m*	farmer
tigenn, -ow *f*	wallet, handbag
tioges, -ow *f*	farmer's wife
tir, -yow *m*	land
to, -how *m*	roof
toemm	warm, hot
tokyn, -yow *m*	ticket
tokynva, -ow *f*	ticket office
toll, -ow *f*	tax, rate
tollow-dowr *p*	water rates
tour, -yow *m*	tower
towlenn, -ow *f*	programme
tra, -ow *f*	thing
tre(v), -ow *f*	home, town,
tre	at home
dhe-dre	homeward
dhe'n dre	to town
y'n dre	in town

tredan *m* — electricity
tremena *v* — to pass
tren, -ow *m* — train
treth, -ow *m* — beach
treweythyow — sometimes
treylya *v* — to turn, translate
tri³ *m* — three
triga *v* — to live, stay
trigys — resident in
trist — sad
troes, treys *m* — foot (*dewdroes*)
tros, -ow *m* — noise
trydhek — thirteen
tu, -yow *m* — direction
tus *p* — people (*an dus*)
ty — (s) you
tyli *v* — to pay

U

ugens — twenty
ughel — high
unn — one (with noun)
unnek — eleven
unnplek — singular
unnver — agreed
usadow *p* — custom(s)
  herwydh usadow — as usual

V

verb, -ow — verb
vykken — always
  bys vykken — for ever

W

war² — on (see #187)
war-tu ha — towards
wor'tiwedh — finally, at last
wosa — after

Y

y² — his
y⁵ — (particle used when verb precedes subject and object)
yth — (replaces y⁵ before all vowels and 'h')
yagh — healthy
yar, yer *f* — hen
yeghes *m* — health
  yeghes da ! — good health ! cheers !
yet, -tow *f* — gate
yeth, -ow *f* — language
yeyn — cold
yn — in
  yn-bann — upwards
  yn hwir — truly, really
  yn poynt da — in good health
  y'n — in the (*yn an*)
ynn — narrow
yndella — thus, so, therefore
ynk *m* — ink
yn-medh — says/said (with quote)
yn-mes — out (movement)
yntra — between
ynwedh — also, as well, too
ynys, -ow *f* — island
yowynk — young
yskynna *v* — to climb, get on, go up, ascend
ystynna — to extend, pass
ystynnans, -ow *m* — extension, appendix
ytho — therefore, so, thus

Gerva Sowsnek Kernewek

For genders and plurals of nouns, refer back to the Gerva Kernewek Sowsnek.

A

able (be) *v* — galloes
above — a-ugh
according to — herwydh
across — a-dreus
adjective — hanow gwann
advantage — les
after — wosa
afternoon — dohajydh
afterwards — a-wosa
agreed — unnver
alarm clock — difunell
all right — da lowr
along — a-hys
also — ynwedh
although — kyn⁵, kynth
always — pup-prys
anchor — ankor
and — ha (hag *before vowel but not 'h'*)
and the — ha'n
angry — serrys
angry (get) *v* — serri (orth)
animal — enyval
answer — gorthyp
answer *v* — gorthybi
appendix — ystynnans
apple — aval
arm — bregh
armchair — kador-vregh
around — a-dro
as (like) — avel, haval
as (so + verb) — dell²
as (so + adjective) — mar²
as soon as — kettell²
ask — govynn
association — kowethas
at last — wor'tiwedh
aunt — modrep
autumn — kynyav
away (movement) — dhe-ves

B

bad — drog
bag — sagh
baker — peber
bakery — popti
ball — pel
basket — kanstell
bath — kibell
bathroom — stevell-omwolghi
be *v* — bos
beach — treth
beat *v* — fetha
beautiful — teg
bed — gweli
bedroom — chambour
beer — korev
before — kyns
begin *v* — dalleth
beginning — dalleth
behind — a-dryv
bend *v* — plegya
benefit — les
beside — ryb

best — gwella
better — gwell
between — yntra
big — bras
bird — edhen
birthday — penn-bloedh
bit — tamm
black — du
blood — goes
board (body) — kesva
boat — skath
boil *v* — bryjyon
boiled — bryjys
book — lyver
bookshop — lyverji
born — genys
bottom — goeles
bowl — bolla
boy — maw
bread — bara
break *v* — terri
breakfast — hansel
Breton — Breton
Brittany — Breten Vyghan
broken — terrys
brother — broder
brown — gell
bucket — kelorn
bull — tarow
bus — kyttrin
but — mes
butcher — kiger
butcher's shop — kikti
buy, pay for *v* — prena

C

café — boesti
cake — tesenn
call *v* — gelwel
calm — kosel
can (be able) *v* — galloes
car — karr
car park — park-kerri
cat — kath
Celtic — keltek
centre — kresenn
chair — kador
chapel — chapel
chatter *v* — klappya
cheese — keus
child — flogh
chimney — chymbla
chips — askloes
choir — keur
church — eglos
cinema — sinema
clean — glan
clean *v* — glanhe
climb *v* — yskynna
clock — klokk
close *v* — degea
closed — deges
cloth — kweth
clothes — dillas
cloud — kommolenn
clouds — kommol
coal — glow
coast — arvor
coat — kota
coffee — koffi
cold (*illness*) — anwoes
cold — yeyn

coldness	yeynder
collect	kuntell
colour	liw
column	koloven
come *v*	dos
common	kemmyn
complain	krodhvolas
complete	dien
concentrate *v*	omri
conversation	keskows
converse *v*	keskewsel
corner	kornell
Cornish	kernewek
Cornish language	Kernewek
Cornishman	Kernow
Cornishwoman	Kernewes
Cornwall	Kernow
correct	ewn
country	pow, bro
countryside	pow
cove	porth
cow	bugh
cowshed	bowji
cream	dyenn
ice cream	dyenn rew
crooked	kamm
cross (angry)	serrys
cross	krows
crossroads	krowshyns
cup	hanaf
cupboard	amari
custom	usadow

D

dad(dy)	tasik
dairy	le'ti
dance	dons
dance *v*	donsya
daughter	myrgh
day	dydh
desire	hwans
desk	desk
devil	dyowl
diary	dydhlyver
dig *v*	palas
dining-room	stevell-dhybri
dinner	kinyow
direction	tu
dirty	plos
dishes	lestri
distant	pell
do *v*	gul
doctor	medhyk
dog	ki
door	daras
dress *v*	gwiska, omwiska
dresser	lestrier
drink	diwes
drink *v*	eva
drive *v*	lywya
dry	sygh

E

each	pub
eat *v*	dybri
egg	oy
egg cup	hanaf-oy
eight	eth
eighteen	etek
either	po
electricity	tredan
eleven	unnek

employment	soedh
empty	gwag
enclosure	garth
end *v*	diwedha
England	Pow Sows
English	sowsnek
English language	Sowsnek
enough	lowr
envelope	maylyer
equipment	daffar
estuary	heyl
even	kompes
evening	gorthugher
this evening	haneth
last eveing	nyhewer
every	pub
everybody	pubonan
everything	puptra
exact(ly)	poran
example	ensampel
exercise	ober
extend *v*	ystynna
extremely	fest
eye	lagas

F

family	teylu
far	pell
farm	bargen-tir
farmer	tiek
farmer's wife	tioges
fat	tew
feather	pluvenn
feed *v*	maga
feel *v*	omglywes
feminine	benow
fetch *v*	kyrghes
field	park
fifteen	pymthek
fifty	hanterkans
fill *v*	lenwel
film	fylm
finally	wor'tiwedh
find *v*	kavoes
fine	teg
finger	bys
fire	tan
first	kynsa
fish	pysk
fish *v*	pyskessa
fishing boat	kok
fist	dorn
flag	baner
floor	leur
flower	bleujenn
fold *v*	plegya
follow *v*	sywya
food	boes
foot	troes
football	peldroes
for (in order to)	rag
for ever	bys vykken
forty	dew-ugens
four	peswar *(m)*, peder *(f)*
fourteen	peswardhek
France	Pow Frynk
freezer	rewell
friend	koweth *(m)*, kowethes *(f)*
from	a², diworth
full (of)	leun (a²)
furniture	mebyl

G

garage	karrji
garden	lowarth
gate	yet
gather *v*	kuntell
gear	daffar
get (obtain) *v*	kavoes
get on *(bus)* *v*	yskynna
get up *v*	sevel
girl	mowes
give *v*	ri
glass	gwedrenn
glasses (spectacles)	dewweder
go *v*	mos
go !	ke !
go up *v*	yskynna
God	Dyw
gone	gyllys
good	da
goodbye	dyw genes
goose	goedh
gradually	tamm ha tamm
grandfather	tas-gwynn
grandmother	mamm-wynn
great	meur
great !	splann ! bryntin !
green	gwyrdh, glas *(for living things)*
grey	loes
grocer	spiser
grocer's shop	spisti
guardian	gwithyas

H

hair	gols, blew
half	hanter
hall	hel
hammer	morthol
hand	dorn, leuv
handle	dornla
happy	lowen
harbour	porth
hate	kas
I hate	kas yw genev
have *v*	*(expressed with long form of* bos + dhe/gans*; see #47)*
he	ev
head	penn
health	yeghes
healthy	yagh
hear *v*	klywes
heavy	poes
help *v*	gweres
hen	yar
her	hy³
here	omma
here is/are !	ottomma !
hi !	hou !
high	ughel
hill	bre
hit *v*	gweskel
hold *v*	synsi
holiday	dy'goel
home	tre
homewards	dhe-dre
horrible	euthek
horror	euth
hot	toemm, poeth
hour	eur *(o'clock)* our *(duration)*

house	chi
how ?	fatell ?
how are you ?	fatla genes ?
however	byttegyns
how many ?	py lies ? pes ?
hundred	kans
hunger	nown
I'm hungry	yma nown dhymm
hurry *v*	fistena
husband	gour

I

I	my
if	mar[4]
ill	klav
immediately	distowgh
in	yn
in front of	a-rag
ink	ynk
inn	tavern
intend *v*	mynnes
interesting	dhe les, a vern
Ireland	Iwerdhon
ironmonger	horner
island	ynys
Isle of Man	Manow

J

jar	seth
job	soedh
jump *v*	lamma

K

keep *v*	gwitha
key	alhwedh
kitchen	kegin
know *v*	aswonn *(place or person)*
know *v*	godhvos *(fact)*

L

lamp	lugarn
land	tir
lane	bownder
language	yeth, taves
last	diwettha
last night	nyhewer
laugh *v*	hwerthin
lawn	glesin
lazy	diek
learn *v*	dyski
least	lyha
leave *v*	gasa
left(hand)	kledh
less	le
letter	lyther
library	lyverva
lie down *v*	gorwedha
light (weight)	skav
light	golow
like *v*	kara, bos da gans
I like	da yw genev
like (as)	kepar ha, avel
lion	lew
listen to *v*	goslowes orth
little	byghan
live *v*	triga
long	hir, pell
look !	ott !
look (at) *v*	mires (orth)
lose *v*	kelli

love *v*	kara
low	isel
lucky	feusik

M

machine	jynn
mackerel	brithel
make *v*	gul
man	gour, den
manager	rewler
many	lies *(+ s noun)*
	meur a[2] *(+ p noun)*
map	mappa
market	marghas
masculine	gorow
mate	sos
matter	bern
it doesn't matter	ny vern
maybe	martesen
meadow	pras
meat	kig
meet *v*	metya
member	esel
midday	hanterdydh
middle	kres
midnight	hanternos
milk	leth
milk *v*	godra
mill	melin
miner	den-bal
minute *(time)*	mynysenn
Miss, Mistress, Mister	Ms, Mestres, Mester
moment	pols
money	arghans
month	mis
moor	goen
more	moy
morning	myttin
most	moyha
mother	mamm
mountain	menydh
much	meur
mummy	mammik
must	res
I must	res yw dhymm
my	ow[3]

N

nail	kenter
name	hanow
narrow	ynn, kul
near (to)	ogas (dhe[2])
nearer	nes
nearest	nessa
necessary	res
new	nowydh
news	nowodhow
newspaper	paper-nowodhow
nice	hweg
night	nos
nimble	skav
nine	naw
noise	tros
no more	namoy *(with negative)*
nor	na(g)
note	notenn
now	lemmyn
number	niver
nurture *v*	maga

O

oar	rev
obtain *v*	kavoes
occasion	prys
o'clock	eur
office	soedhva
oil	oyl
OK	da lowr
old	koth
on	war[2]
one	onan *(+ adjective)*
	unn *(+ noun)*
open *v*	igeri
open	igor
opinion	breus
opposite	a-dal
or	po
other	arall *(s)*, erell *(p)*
our	agan
out of	yn-mes a[2]
owner	perghenn

P

page	folenn
paper	paper
parents	kerens
park	park
pass *v*	tremena
pasty	pasti
path	hyns
pay *v*	tyli
pay for *v*	prena
peace	kres
pen	pluvenn
people	tus (an dus)
perhaps	martesen
photograph	skeusenn
pie	pastes
piece	tamm
pig	hogh
place	le
plant	losowenn
play *v*	gwari
please	mar pleg
pleased	pes da
plough *v*	aras
police force	kreslu
policeman	gwithyas kres
poor	boghosek
port	porth
post office	lytherva
Post Office	Soedhva an Post
precise(ly)	poran
prefer	bos gwell gans
I prefer	gwell yw genev
prepare *v*	pareusi
price	pris
programme	towlenn
pub	diwotti
pull *v*	tenna
put *v*	gorra

Q

quarter	kwarter
quay	kay
question	govynn
quiet	kosel

R

rain	glaw

rain *v*	gul glaw
reach *v*	drehedhes
read *v*	redya
reading	redyans
ready	parys
really	yn hwir
rear *v*	maga
recognise *v*	aswonn
record	plasenn
red	rudh
relation	kar *(m)*, kares *(f)*
reluctantly	a'y anvodh *(3s)*
restaurant	boesti
return (give back)	daskorr
return (go back)	dehweles
revision	daswel
right (correct)	ewn
right(hand)	deghow
ring *v*	seni
rise *v*	sevel
river	avon
road	fordh
roof	to
room	stevell
rope	lovan
rough	garow
roundabout	fordh-a-dro
row (boat) *v*	revya
rule	rewl

S

sad	trist
safe	salow
sail	goel
sail *v*	goelya
salesman	gwerther
salt	hoelan
sausage	selsigenn
say *v*	leverel
saying	lavar
says/said (quote)	yn-medh
school	skol
schoolchild	skoler
Scotland	Alban
second	nessa
secretary	skrifennyades
sea	mor
seated	a'y esedh *(3s)*
see *v*	gweles
seem *v*	heveli
so it seems	dell hevel
seize *v*	synsi
sell *v*	gwertha
sentence	lavar
seven	seyth
seventeen	seytek
shark	morvleydh
she	hi
shed	krow
sheep	davas
shelf	estyllenn
shine *v*	splanna
ship	gorhel
shirt	krys
shoe	eskis
shop	gwerthji
short	berr
shout *v*	garma
sick	klav
silent	tawesek
sing *v*	kana
singer	kaner

sister	hwoer
sit down *v*	esedha
sitting-room	esedhva
six	hwegh
sixteen	hwetek
sixty	tri-ugens
skirt	lostenn
sky	ebrenn
sleep *v*	koska
slim	moen
small	byghan
smoke *v*	megi
smooth	kompes
snow	ergh
snow *v*	gul ergh
so (thus)	ytho, yndella
so (as)	dell[2] *(+ verb)*
so (as)	mar[2] *(+ adjective)*
sock	lodrik
some	nebes *(+ plural or mass noun)*
someone	nebonan
sometimes	treweythyow
son	mab
sorry	
I am sorry	drog yw genev
sort	par
soup	kowl, soubenn
space	spas
spade	pal
speak to	kewsel orth
splendid	splann
sport	sport
spring (season)	gwenton
sprout (vegetable)	kowlik
stair	gris, gradh
stamp	stamp
start	dalleth
start *v*	dalleth
station	gorsav
stay *v*	gortos
steer *v*	lywya
still (yet)	hwath
still (quiet)	kosel
stocking	loder
story	hwedhel
stove	forn
straight	ewn
street	stret
strong	krev
student	studhyer
stupid	gokki
summer	hav
Sunday	dy' Sul
sunshine	howlsplann
sweet (nice)	hweg
sweet (to eat)	hwegynn
swim *v*	neuvya

T

table	moes
tail	lost
take *v*	kemmeres
take off *v*	diwiska
tall	hir
tax	toll
tea	te
teach *v*	dyski
teacher	dyskador *(m)*
teacher	dyskadores *(f)*
telephone	pellgowser
telephone *v*	pellgewsel (orth)

television	pellwolok
ten	deg
than	ages
thanks	meur ras
that	henn, henna *(m)*
	honn, honna *(f)*
that (with noun)	na;
that man	an den na
that woman	an venyn na
the	an
their	aga[3]
there	ena
there is/are !	ottena !
they	i
thin	moen, tanow
thing	tra
think *v*	prederi
thirteen	trydhek
thirst	syghes
I am thirsty	yma syghes dhymm
this	hemm, hemma *(m)*
	homm, homma *(f)*
this (with noun)	ma ,
this man	an den ma
this woman	an venyn ma
thousand	mil
three	tri[3] *(m)*, teyr[3] *(f)*
through	dres
thus	ytho, yndella
ticket	tokyn
ticket office	tokynva
time	prys
tired	skwith
to	dhe[2]
today	hedhyw
tomorrow	a-vorow
tongue	taves
tonight	haneth
too	re[2]
too (also)	ynwedh
tooth	dans
towards	war-tu ha
town	tre(v)
town hall	hel an dre
tractor	jynn-tenna
train	tren
translate *v*	treylya
tree	gwydhenn
trousers	lavrek
true	gwir
truly	yn hwir
tub	kibell
turn *v*	treylya
twelve	dewdhek
twenty	ugens
two	dew[2] *(m)*, diw[2] *(f)*
type *v*	jynnskrifa
typewriter	jynn-skrifa

U

ugly	hager
umbrella	glawlenn
uncle	ewnter
under	yn-dann[2]
undress *v*	diwiska, omdhiwiska
unfortunately	soweth
unhappy	drog pes
until	bys
useful	dhe les

V

valley	nans

vase	seth	you	ty *(s)*, hwi *(p)*
vegetables	losow-kegin	young	yowynk
very	pur^2, fest	your	dha^2 *(s)*, agas *(p)*
vessel	lester		
vocabulary	gerva		
voice	lev		

W

wait (for) *v*	gortos
wake up *v*	difuna
Wales	Kembra
walk	kerdh
walk *v*	kerdhes
wall	fos
want *v*	mynnes
want	hwans;
I want	yma hwans dhymm
warm	toemm
wash *v*	golghi, omwolghi
watch *v*	mires (orth)
water	dowr
we	ni
weak	gwann
wear *v*	gwiska
weather	kewer
week	seythun
weekend	pennseythun
well (fit)	yagh
Welsh	kembrek
wet	glyb
wide	ledan
wife	gwreg
wind	gwyns
windy	gwynsek
wine	gwin
winter	gwav
wire	gwivrenn
wise	fur
wish *v*	mynnes
with	gans
without	heb
without doubt	heb mar
what ? *(+ verb)*	pyth ? pandra ?
what ? *(+noun)*	py ?
what colour ?	py liw ?
what sort of?	py par ?
what time ?	py eur ?
when ?	p'eur^5 ?
when *(conjunction)*	pan^2 *(+ verb)*
where ?	ple^5 ?
white	gwynn
who ?	piw ?
whole	dien
why ?	prag^5 ?
woman	benyn
wooden	prenn
word	ger
work	ober
work *v*	oberi
world	bys
worse	gweth
worst	gwettha
wrist-watch	euryor
write *v*	skrifa
wrong	kamm

Y

yard	garth
year	blydhen
years of age	bloedh
yellow	melyn
yet	hwath

For information on the Cornish Language

Contact

George Ansell, Sales and Information (including Correspondence Course details),
Kesva an Taves Kernewek (The Cornish Language Board),
65 Churchtown,
Gwinear,
Hayle,
Kernow/Cornwall TR27 5JL

Phone and fax: 01736 850878
e-mail: jori-ansell@talk21.com

Polin Prys, Secretary,
Kowethas an Yeth Kernewek (The Cornish Language Fellowship),
1 Gyllyngvase Road,
Falmouth,
Kernow/Cornwall TR11 4DH

e-mail: rosmodres@hotmail.com

Some useful books

The New Standard Cornish Dictionary (An Gerlyver Kres), editor Dr. Ken George,
ISBN 0-907064-79-5, published by Kesva an Taves Kernewek (The Cornish Language Board),
2000: the fullest and most modern Cornish-English and English-Cornish dictionary.

A Grammar of Modern Cornish, by Wella Brown, Third Edition, ISBN 1-902917-00-6, published by
Kesva an Taves Kernewek (The Cornish Language Board), 2001: a detailed and comprehensive
grammar essential for those continuing their studies in Cornish.

A Very Brief History of the Cornish Language, by Graham Sandercock, ISBN 0-907064-61-2, published
by Kesva an Taves Kernewek (The Cornish Language Board), 1996.

The Formation of Cornish Place-Names, by Wella Brown and Graham Sandercock,
ISBN 0-907064-63-9, published by Kesva an Taves Kernewek (The Cornish Language Board),
1996.

An Gannas

An Gannas is a monthly magazine in Cornish published by Kowethas an Yeth Kernewek (The Cornish
Language Fellowship) containing some articles for beginners. Membership details for the
Kowethas and subscription rates to An Gannas, ISSN 1469-705X, are available from the address
above.